90. Jahrgang · Heft 2-2026 Pfingsten | Reisen

Quatember

Vierteljahreshefte für Erneuerung und Einheit der Kirche

Reisen

Inhalt

Reisen

von Heiko Wulfert

Foto: Archiv Wulfert

Ich schnallte in Grimma meinen Tornister, und wir gingen. Eine Karawane guter, gemütlicher Leutchen gab uns das Geleite bis über die Berge des Muldetals, und Freund Großmann sprach mit Freund Schnorr sehr viel aus dem Heiligtume ihrer Göttin, wovon ich Profaner sehr wenig verstand. Unbemerkt suchte ich einige Minuten für mich, setzte mich oben Sankt Georgens großem Lindwurm gegenüber und betete mein Reisegebet, daß der Himmel mir geben möchte billige, freundliche Wirte und höfliche Torschreiber von Leipzig bis nach Syrakus und zurück auf dem andern Wege wieder in mein Land; daß er mich behüten möchte vor den Händen der monarchischen und demagogischen Volksbeglücker, die mit gleicher Despotie uns schlichten Menschen ihr System in die Nase heften, wie der Samojede seinen Tieren den Ring.

Johann Gottfried Seume

So beginnt Johann Gottfried Seumes Bericht von seinem »Spaziergang nach Syrakus«, den er in den Jahren 1801 und 1802 im Kreis befreundeter Künstler unternahm und an die 6000 Kilometer zum großen Teil zu Fuß zurücklegte. Sein Reisebericht ist subjektiv geprägt, eigenwillig, mit politischen Anklängen und launischen Beschreibungen seiner Begegnungen und Widerfahrnisse. Den Entwurf übernahm Friedrich Christian Delius in seinem 1995 erschienenen Roman »Der Spaziergang von Rostock nach Syrakus«, der die Reise eines DDR-Bürgers nach Syrakus, seine Erfahrungen in der Bundesrepublik und Italien und seine Rückkehr in die DDR beschreibt.

Unser Leben gleicht der Reise eines Wanderers durch die Nacht …

Die beschriebenen Reisen erweitern nicht nur den Horizont und damit die Kenntnisse der Menschen und ihrer Sitten, der Länder und der Welt. Die Reise ist immer eine Lebensreise, die den Menschen verändert, durch Erlebtes und Erlittenes prägt. Schon 1792 schrieb Karl Giseke sein Gedicht »Die Nachtreise«, das in der Vertonung von Johann Immanuel Müller als »Beresina-Lied« berühmt wurde: »Unser Leben gleicht der Reise eines Wandrers durch die Nacht …«. Die Lust am Entdecken, die Sehnsucht nach fernen Ländern gehören ebenso zum Reisen, wie das aufgenötigte und erlittene Unterwegssein und Umgetriebensein. Hierhin gehören auch die Reisen des Inneren, das Erinnern und Träumen.

In diesem Quatemberheft geht zuerst Klaus Lieg dem Thema nach »Reisen und Traumreisen«, das äußere und innere Unterwegssein, das den Menschen verändern, heilen und auf neue Wege weisen kann. Frank Lilie beschreibt sprachliche Wanderungsbewegungen – denn nicht nur die Zeiten ändern sich und wir uns in ihnen. Auch die Begriffe wandern. Die Reisen und Erfahrungen des Listenreichen, der dem Groll des Geschickes entweicht, beschreibt ein Vergleich der Prooemien von Ilias und Odyssee.

Wolfgang Max stellt uns den Württembergischen Physikotheologen Balthasaar Sprenger vor. Zwei Beiträge widmen sich auf unterschiedliche Weise der Frage »Quo vadis, ecclesia – wohin gehst du, Kirche«. Karl Bauer bedenkt in Anknüpfung an Bonhoeffer die »Möglichkeit evangelischer Kirche« in kritischem Blick auf ihre Gegenwart. Holger Berninghaus stellt als Jurist Anfragen an den modernen, niederschwelligen evangelischen Konzeptgottesdienst. Schließlich stellt Ulrich Koring die bleibende Aktualität des künstlerischen Werkes von Helmuth Uhrig dar. Petra Reitz trägt eine Predigt über Hiob 23 bei.

Das Jahr ist im späten Frühling und wendet sich dem Sommer zu. Welche Reiseerfahrungen werden wir in diesem Jahr in der Nähe oder der Ferne machen – und was machen sie mit uns?

Eine gesegnete Zeit und einen guten Reiseweg unter dem Geleit der heiligen Engel wünscht Ihnen

Ihr Heiko Wulfert

Reisen und Traumreisen

von Klaus Lieg

Menschen reisen aus vielfältigen Gründen, darunter Erholung, Entdeckung neuer Kulturen, persönliche Entwicklung und die Suche nach Abenteuer oder Flucht aus dem Alltag. Reisen kann das Selbstbewusstsein stärken, stressresistenter machen und das Gehirn neu vernetzen, indem es uns herausfordert und inspiriert, die Welt aus einer anderen Perspektive zu sehen. Auch das Sammeln von schönen Erinnerungen, die man später immer wieder erleben kann, spielt eine große Rolle.

Es geht also um Ablenkung vom Alltag, Erholung, Gefühl von Glück und Freiheit und gleichzeitig um persönliche Entwicklung und Wachstum [...]

Es geht also um Ablenkung vom Alltag, Erholung, Gefühl von Glück und Freiheit und gleichzeitig um persönliche Entwicklung und Wachstum, was wiederum das Selbstbewusstsein stärkt, unsere Stressresistenz erhöht, unsere Empathiefähigkeit stärkt; kurzum: es geht um persönliche Veränderung. Und genau darum geht es auch bei einer Traumreise, eine Reise kann als Metapher für eine Lebensreise verstanden werden, die der Persönlichkeitsformung dient.

Die Traumreise

Eine Traumreise, auch Fantasiereise genannt, ist eine geführte Entspannungsübung, bei der man durch eine vorgelesene Geschichte gedanklich an einen entspannenden Ort reist und diesen mit allen Sinnen erlebt. Ziel ist es, durch eine innere Bilderwelt zur Ruhe und Entspannung zu kommen, indem man sich den beschriebenen Sinneseindrücken wie Gerüchen, Geräuschen und Gefühlen hingibt. Der Ort der Fantasiereise kann real oder erdacht sein, da das Gehirn kaum zwischen Realität und Fantasie unterscheiden kann, besonders wenn alle Sinne angesprochen werden.

Reisen und die spirituelle Dimension

Eine theologische Betrachtung im Kontext der christlichen Bewegung:

Reisen stellt seit jeher eine zutiefst menschliche Erfahrung dar. In der modernen Welt ist es oft ein Synonym für Erholung, Horizonterweiterung und temporären Ausbruch aus dem Alltag. Im evangelischen Kontext, insbesondere mit dem Blick auf reformorientierte spirituelle Bewegungen, gewinnt das Phänomen des Reisens jedoch eine tiefere, theologische Dimension. Die Berneuchener Bewegung betont die Wichtigkeit von Zeiten der Sammlung und Stille, des Gebets und der Verwurzelung im Gottesdienst sowie die seelsorgerliche Begleitung auf dem Lebensweg, was das Verständnis von »Reisen« entscheidend prägt.

Konventionelles Reisen versus Traumreisen – Gemeinsamkeiten und Unterschiede:

Der wissenschaftliche Blick auf das Reisen unterscheidet zwischen dem konventionellen Reisen und der Traumreise, wobei letztere im Kontext spiritueller Arbeit oft eine stärkere introspektive Ausrichtung besitzt.

Gemeinsamkeiten

Der Weg als Ziel und Wandel:

Sowohl das konventionelle Reisen als auch die Traumreise teilen die zentrale theologische und psychologische Metapher: Das Unterwegssein als Bild für den Lebens- und Glaubensweg.

Verlassen des Vertrauten

Jede Reise, ob physisch (konventionell) oder mental (Traumreise/Meditation), beginnt mit dem Aufbruch, der Bereitschaft, die Komfortzone und die Routine des Alltags zu verlassen. Dies spiegelt biblische Motive wider, wie den Ruf an Abraham: »Geh aus deinem Vaterland in ein Land, das ich dir zeigen will« (1. Mose 12,1). Es ist ein Akt des Glaubens und des Vertrauens in Gottes Führung.

Transformation

Beide Formen bieten Raum für neue Perspektiven und Wachstum. Die Begegnung mit dem Fremden (Ort oder innere Einsicht) führt zur Relativierung des Eigenen und ermöglicht Veränderung.

Atempause und Neuausrichtung

Beide dienen als Auszeit vom Takt des Alltags, was der Forderung der Berneuchener Bewegung nach Zeiten der Sammlung und Stille entspricht. Sie schaffen eine Unterbrechung, die der Seele erlaubt, wieder »Atem zu holen« und sich neu auf Gott auszurichten.

Der Unterschied zur spirituellen Traumreise liegt in der Intentionalität. Während eine klassische Urlaubsreise der Erholung dient, ist die spirituelle Traumreise ein Werkzeug der seelsorgerlichen und spirituellen Begleitung, die darauf abzielt, die Nähe Gottes im Inneren zu erfahren.

Während eine klassische Urlaubsreise der Erholung dient, ist die spirituelle Traumreise ein Werkzeug der seelsorgerlichen und spirituellen Begleitung [...]

Die Vorteile der Traumreise:

Heilung für Körper, Seele und Herz. Gerade im Kontext der seelsorgerlichen Begleitung und der christlichen Spiritualität bieten Traumreisen oder geführte Imaginationen nachweisbare, ganzheitliche Vorteile, die Körper, Seele und Herz gleichermaßen berühren. Der evangelische Glaube, der die Person als »Person-in-Beziehung« sieht und die Berneuchener Betonung der ganzheitlichen Spiritualität untermauern diese Wirksamkeit.

Für den Körper: Die heilsame Kraft der inneren Ruhe
Die Traumreise wirkt als tiefes Entspannungsverfahren. Durch die Konzentration auf positive innere Bilder und die Distanzierung von Stressfaktoren wird eine parasympathische Reaktion ausgelöst:

- Reduktion von Stresshormonen: Der Cortisolspiegel sinkt.
- Herzfrequenzvariabilität (HRV): Die Steuerung der Herztätigkeit verbessert sich, ein Indikator für körperliche Resilienz.
- Linderung psychosomatischer Symptome: Chronische Spannungen können sich lösen, da die Imaginationsreise oft zu einer inneren Eutonie führt.

Für die Seele: Sammlung, Einkehr und Sinnsuche
Die Seele, als der Ort der Beziehung zu Gott und zum Selbst, profitiert von der gezielten, inneren Einkehr. Die Traumreise wird zur inneren Pilgerfahrt.

> Stärkung der Gottesbeziehung: In der inneren Stille und Imagination kann die Gegenwart Gottes neu erfahren werden. Dies steht im Einklang mit dem Christlichen Grundsatz: »Ich will mich betend Gott anvertrauen, mich seiner Gegenwart öffnen…«. Die Traumreise ist eine Form des Gebets, die die Schöpferkraft Gottes in der inneren Welt des Menschen sichtbar macht.
>
> Aufarbeitung: Sie bietet einen geschützten Raum, um unbewältigte innere Konflikte oder traumatische Erfahrungen symbolisch zu verarbeiten, was ein zentrales Element in der Seelsorge ist.
>
> Sinnstiftung: Durch die erlebten inneren Metaphern und Symbole können tiefere Sinnzusammenhänge des eigenen Lebensweges erkannt werden, was die spirituelle Entwicklung fördert, und die christliche Hoffnung stärkt.

Für das Herz: Gemeinschaft, Liebe und Nächstenliebe
Das Herz steht biblisch und theologisch nicht nur für Emotionen, sondern auch für den Kern der Persönlichkeit und den Ort der Entscheidung und der Liebe.

Foto: Rolf Gerlach

Förderung der Nächstenliebe: Eine erfolgreich durchgeführte Traumreise, die zur inneren Heilung und Stille führt, setzt emotionale Energie frei. Diese Energie wird nicht nur für das eigene Wohl, sondern auch für den Dienst am Nächsten verfügbar.

Lebensordnung: Innere Verbundenheit und Trost: Das Erleben von unbedingter Annahme und Trost in der inneren Bildwelt (z. B. durch die Begegnung mit einer liebenden göttlichen Gestalt) heilt Wunden des Herzens und stärkt das Selbstwertgefühl als von Gott geliebte Person.

Stärkung der Gemeinschaft: Wer in der inneren Reise zu sich selbst findet, kann sich auch besser in die Gemeinschaft einbringen. Persönlicher Glaube und christliches Leben brauchen die Gemeinschaft. Die innere Stärkung des Einzelnen ist somit ein Dienst an der Gemeinschaft und der Kirche.

Fazit und theologische Einordnung

Die Traumreise hingegen, insbesondere im Kontext der christlichen Bewegung und der seelsorgerlichen Begleitung, transformiert das »Reisen« in eine kontemplative Praxis.

Das konventionelle Reisen ist im evangelischen Glauben als Ausdruck der Schöpfungsfreude und der Horizonterweiterung geschätzt. Die Traumreise hingegen, insbesondere im Kontext der christlichen Bewegung und der seelsorgerlichen Begleitung, transformiert das »Reisen« in eine kontemplative Praxis. Sie ist eine tiefgreifende Form der inneren Einkehr, die nicht auf äußere Orte, sondern auf die innere Begegnung mit dem eigenen Selbst und Gott ausgerichtet ist. Die Traumreise ist somit ein profundes Werkzeug der Spiritualität. Sie verbindet die biblische Tradition der Pilgerschaft und des Unterwegsseins mit modernen psychologischen und seelsorgerlichen Erkenntnissen. Sie bietet dem Körper Entspannung, der Seele Heilung und Sinnstiftung, und dem Herzen die Fähigkeit zu tieferer Liebe und christlicher Verantwortung im Sinne der christlichen Grundsätze. Letztlich ist die spirituelle Traumreise eine Übung in der Freiheit des Glaubens – der Freiheit der Person, die durch Gott mit unverfügbarer Würde ausgestattet ist, und die in ihrer Beziehung zu Gott und dem Nächsten Heilung erfährt.

In meinem neuen Buch *Traumreisen und Geschichten aus der Bibel für Kinder und Jugendliche* gehe ich genau auf diese Dinge ein und transformiere sie in die Gegenwart und verbinde dies am Ende jeder Geschichte mit einer Suggestion.

Beispiel:

»Jedes Mal, wenn du morgens aufwachst und deine Füße den Boden berühren, fühlst du dich frisch, wach und voller Energie.«

Oder: »Wenn du das nächste Mal vor einer Prüfung nervös wirst und deine Hand auf deine Brust legst, wirst du sofort ruhig und konzentriert.«

Was soll es bewirken?

- Automatisierung positiver Verhaltensweisen und Gefühle
- Ankerung von Ressourcen (Trigger = positives Gefühl)
- Umgehung des inneren Kritikers (das Bewusstsein »diskutiert« nicht mehr mit)
- Langfristige Wirkung über die eigentliche »Traumreise« hinaus

Bei Kindern und Jugendlichen funktionieren Suggestionen oft sogar besser als bei Erwachsenen, weil ihre Vorstellungskraft und Suggestibilität natürlicherweise höher ist.

Fazit

Ja, kindgerecht und spielerisch umgesetzte suggestive Aufträge gehören zu den wirksamsten und beliebtesten Techniken in der Kinder- und Jugendlichen-Seelsorge, Kinderpsychotherapie und Pädagogik. Kinder nennen sie oft stolz »meinen geheimen Zaubertrick« – und genau das sind sie auch: ein kleiner, aber sehr wirksamer Zauber, der aus der Kraft der eigenen Fantasie kommt.

Biblische Geschichten als Traumreise + kindgerechte suggestive Aufträge sind eine besonders kraftvolle Kombination in der Kinder- und Jugendseelsorge.

Biblische Geschichten als Traumreise + kindgerechte suggestive Aufträge sind eine besonders kraftvolle Kombination in der Kinder- und Jugendseelsorge.

Kinder und Jugendliche lieben Geschichten – und biblische Geschichten haben von Haus aus eine tiefe archetypische Kraft (Heldenreise, Rettung, Schutz, Überwindung von Angst, göttliche Begleitung). Wenn man sie in ein modernes, kindgerechtes Gewand kleidet und am Ende eine sanfte posthypnotische Anker-Suggestion einbaut, entsteht etwas sehr Nachhaltiges.

Grundprinzip

Die biblische Geschichte wird kindgerecht nacherzählt – aber in der Du-Form und als »Du bist mittendrin« (immersiv).

Das Kind/der oder die Jugendliche erlebt sich selbst als aktiven Teil der Geschichte (Identifikationsfigur).

Am Höhepunkt der Geschichte bekommt es ein »Glaubens-Geschenk« (Licht, Mantel, Stein, Stab, Umarmung Jesu, Engel-Flügel usw.).

Dieses Geschenk wird zum späteren Anker (Trigger) für den Alltag.

Kurz gesagt:
Normale Reisen machen die Welt größer.
Traumreisen machen die Seele größer.

Wir »Traumreisen«, weil wir spüren: Irgendwo da draußen (oder tief drinnen) gibt es eine Wahrheit, eine Liebe, eine Vergebung, die wir mit Geld nicht kaufen und mit Worten nicht erklären können – aber mit unseren Gedanken vielleicht erreichen.

Die Neudeutung biblischer Texte als Traumreise ist eine kraftvolle Brücke zwischen spiritueller Tradition und modernen psychologischen Bedürfnissen. Sie bietet das Potenzial, die zeitlosen Botschaften der Bibel auf eine tiefergehende, persönlichere und heilende Weise zugänglich zu machen. Die Intention sollte

»Lass dich von Gottes Worten in den Schlaf wiegen, denn er wacht über dich wie ein guter Hirte«.

stets sein, die ursprünglichen positiven Botschaften der Bibel als Quelle der inneren Kraft und Orientierung neu zu erschließen.

»Lass dich von Gottes Worten in den Schlaf wiegen, denn er wacht über dich wie ein guter Hirte«.

Diplom Psychologe Klaus G. Lieg beschäftigt sich seit vielen Jahren mit dem Thema psychische Belastung und mit verschiedensten Entspannungstechniken wie Achtsamkeit, PEP oder Yoga. Er gibt Kurse und Workshops, bildet Kursleiter und Therapeuten aus und gibt Seminare an Hochschulen und arbeitet im Betrieblichen Gesundheitsmanagement (BGM) zum Thema psychische Belastungen am Arbeitsplatz und ist Autor mehrerer Veröffentlichungen.

Alles nicht so ganz wahr …

Über sprachliche Wanderbewegungen

von Frank Lilie

»Wie poetisch!« Versonnen geht mein Blick über die Schwäbische Alb im Osten, wandert dann gen Süden – nein, die Alpen sind von hier aus nicht zu sehen, aber dafür die Ketten der Schwarzwaldberge im Westen. Sie blauen. Ein leichter Wolkenschleier umkränzt sie. Noch einmal sage ich: *»Wie poetisch!«* Der Freund neben mir widerspricht: *»Was hat das mit Poesie zu tun? Poesie ist doch …«* Ich unterbreche ihn: *»Ach, Du weißt doch, wie ich das meine!«* Der Freund doziert: *»Poesie, das wissen wir beide, ist ein griechisches Wort und bedeutet ›Erschaffung‹. Es ist eine bestimmte Textgattung. Warum übertragen wir dies auf bloße Stimmungen? Was gewinnen wir damit für eine Erkenntnis?«* Da ich meinen Freund kenne und weiß, wie er solche Besserwissereien meint, kann ich ruhig auf ihn eingehen: *»Worte wandern. Sie sind nicht bloß Begriffe mit Eindeutigkeit, sondern haben eine Geschichte. Dass sie wandern können und sich so in neue Bereiche vorwagen, ist doch sogar ein Zeichen ihrer Kraft!«* Der Freund erwidert: *»Aber verfallen wir damit nicht in die Beliebigkeit? Sagen wir dann überhaupt noch etwas?«*

»Worte wandern. Sie sind nicht bloß Begriffe mit Eindeutigkeit, sondern haben eine Geschichte […]«

Mit diesem (erdachten) Gespräch, das so nicht auf dem Wandbühl, dem Hausberg über dem Kloster Kirchberg, stattgefunden hat, sei der Horizont einer Beobachtung abgesteckt, die wir täglich machen können: Worte, die eine bestimmte Bedeutung hatten und damit eine bestimmte Aufgabe, wandern in andere Bereiche, sie werden aufgenommen, genutzt und verändern auf ihrem Weg ihre ursprünglich wie Werkzeuge zum Werkstück passenden begrifflichen Konturen. *Poesie* ist ein Bespiel dafür. Nach der Einteilung, die Aristoteles begonnen und die dann durchdacht und weitergeführt wurde, umfasst sie das *Drama*, das *Epos* und die *Lyrik*. Spätere Versuche setzen sie neben die *Prosa*. Die Literaturgeschichte geht diesen Veränderungen nach. Dass *Poesie* vom Begriff für Gattungen der Literatur zur Bezeichnung von Stimmungen wurde, verdanken wir wohl dem 19. Jahrhundert mit der Romantik, die das Leben selbst literarisieren wollte: Man las nicht mehr nur Literatur, sondern lebte sie. Leben und Dichtung spiegelten sich ineinander. Damit legte der Begriff *Poesie* seine definitorische Rüstung ab.

Eine solche Wanderungsbewegung können wir auch bei anderen Begriffen sehen, besonders aus dem Bereich der Religion. Ihnen soll ein wenig hinterhergeschaut werden.

Legende

Wer zu genau hinschaut, leidet. Mein Großvater, durch und durch handwerklich unbegabt, war berüchtigt dafür, eine Schraube auch schon einmal mit dem Hammer einzuschlagen. Das falsche Werkzeug für den falschen Arbeitsgang. Handwerker wandten sich mit Grausen ab. Der Hammer gehört zu Nägeln, der Schraubendreher zu Schrauben. Im Bereich der Begriffe ist diese Zuordnung nicht so einfach. Es gibt Versuche in der philosophischen Logik, auch hier eine Eindeutigkeit zu erzielen. Doch scheitert sie – am Leben. Denn dieses lässt sich sehr ungern vorschreiben, wie es sich ausdrückt. Dies muss schmerzlich erleben, wer eine Fachsprache verwendet und sehen muss, wie definierte Begriffe sich auf die Wanderschaft machen und mitunter sogar, ganz anders als klein Hänschen, in der Fremde bleiben und sich dort auch noch wohlfühlen.

Ein solcher Begriff ist die *Legende*. Er leitet sich vom lateinischen Ausdruck *legenda* ab und ist im Mittelalter entstanden. Ursprung ist das Verb *legere* (lesen). Damit ist deutlich, dass es sich bei der Legende um eine Textsorte bzw. literarische Gattung handelt: Sie ist *»das, was zu lesen ist«*, das Vorzulesende – nämlich die kanonisierte Vita des jeweiligen Tagesheiligen, die im Gottesdienst Verwendung findet. Diese Praxis ist bis heute gebräuchlich. Reformatorische Polemik und historische Forschung haben die Zuverlässigkeit der Heiligenüberlieferung geistlich und wissenschaftlich erschüttert und scharf von den belegbaren *facta* (Tatsachen) getrennt. Selbst die römisch-katholische Kirche hat 1970 bei ihrer Revision des Heiligenkalenders feststellen müssen, dass einige der überlieferten und liebgewordenen Legenden historisch auf unsicherem Boden stehen (man denke etwa an Christophorus), den offiziellen Gedenktag gestrichen und die Verehrung dem privaten oder regionalen Gebrauch überlassen.

Geblieben ist eine gewisse Verunsicherung in der Verwendung des Legendenbegriffs: Stimmt das denn, was überliefert ist? Stimmt es überhaupt, was uns die Kirche erzählt? Die Inhalte der Legenden wurden fraglich, die Kraft der Verehrung des Heiligen ebenfalls – und so konnte der Begriff in der Reformation und besonders im Humanismus schon bald die Bedeutung einer undeutlichen und nicht richtig rekonstruierbaren Lebensbeschreibung gewinnen. Eine Legende, und das bleibt bis heute, ist etwas, das nicht so ganz wahr ist. Sie ist *bloß* Legende …

Foto: Rolf Gerlach

Zugleich hat sich aber die hagiographische Verwendung vom religiösen Ursprung gelöst. Wir können nun die interessante Beobachtung machen, dass die begriffliche Bedeutung von *Legende* im Schwinden begriffen ist, ihre integrierende Erzähl-Kraft aber erhalten bleibt. Er ist eine Legende, heißt es etwa über einen Menschen, von dem viel erzählt wird, und zwar meist anerkennend. Oder das legendäre Tor im Länderspiel von einst. Nur – was sagt die Verwendung damit überhaupt noch? Weder etwas über die geistlichen Ursprünge noch über die bezeichnete Person oder den Bereich. Es bleibt ein vages Ondit. Hat es noch Aussagekraft?

Wir können nun die interessante Beobachtung machen, dass die begriffliche Bedeutung von Legende im Schwinden begriffen ist, ihre integrierende Erzähl-Kraft aber erhalten bleibt.

Mythos

Was machen wir mit dieser Frage? Besserwisserisch auf der ursprungskorrekten Verwendung beharren? Dem Sprachgaul die Zügel lassen? Was sagen wir eigentlich noch, wenn alles nicht so ganz wahr ist und auch nicht so ganz wahr sein muss? Reicht uns das Wissen um die Herkunft der Wörter, wenn wir sie dann in unterschiedlichen Kontexten verwenden? Oder sollten wir, wenigstens ab und an, auf die trennscharfe Begrifflichkeit verweisen? Nun, *habent sua fata, verbae*. Interessant bleibt es ja, der Sprache bei ihren Wanderungen zuzuschauen. Man lernt etwas über Mentalitäten, religiöse Prägekraft und deren Abwanderung in andere Bereiche. Immerhin können wir eines sagen: Nur Wörter, die eine große Potenz besitzen, eine Aura, können auch noch entfernt von ihrem Ursprung Wirkung entfalten.

Das gilt auch für den Begriff *Mythos*. Irgendetwas Altes, eine nicht mehr erkennbare Gestalt oder ein unfassbares Geschehen der Vergangenheit – mehr ist nicht geblieben von dem, was den Mythos religionskundlich ausmacht: Das altgriechische Wort kann mit Erzählung oder Rede übersetzt werden und gibt die Geschehnisse in der Götterwelt wieder. Die Menschen erzählen sich die Geschichten über ihre Gottheiten in *Mythen* (im Unterschied zur menschlichen *Sagenwelt*). Religionswissenschaftlich sind in diesem Sinne (*horribile dictu*) auch die biblischen Bücher Sammlungen von *Mythen*. Der *Mythos* erhebt Anspruch auf *Geltung* der erzählten Wahrheit. Dagegen hat sich früh schon Protest erhoben; die Sophisten etwa sahen den *Mythos* im Gegensatz zum *Logos*, der durch vernünftige Schlüsse zu Erkenntnissen kommen möchte. Die Verhältnisbestimmung zwischen *Mythos* und *Logos* ist ein aufregendes und nicht enden wollendes Kapitel der Geistesgeschichte, der Kampf beider hat selbst erkenntnisfördernde Macht! Die Mythologie ist die erzählte Bebilderung der auf die Existenz des Menschen zielenden Wahrheiten, während die Logik und die exakten Wissenschaften auch unabhängig vom Menschen funktionieren. Manche mittelalterlichen christlichen Theologen konnten die antike Mythologie durchaus als konkurrierende heidnische Theologie betrachten. Ihr wurde Erkenntniskraft sui generis zugestanden – freilich als Gegenüber zum christlichen Glauben. Wenn nun der Religionskundler etwa das Weihnachtsevangelium als *Mythos* bezeichnet, dann im Sinne einer sinnstiftenden Kulterzählung mit einem auf den Glauben des Einzelnen und der Gemeinschaft bezogenen Wahrheitsanspruch, der das Leben verändern will. Es geht nicht um Wertung, sondern um Beschreibung!

Auch hier ist diese umrissene Bedeutung weggerutscht; das Wort *Mythos* wird gern mit Lüge, mit Nebulösem und Behauptetem assoziiert. Etwas ist *mythisch* – eine solche Einschätzung ist nahezu vernichtend. Das kann man nicht ernstnehmen. Jahrhunderte der Aufklärung und ihrer Kritik klingen hier nach. Dabei müsste es kein Gegensatz sein, hat doch schon Platon in seinen Dialogen die mythische Denkweise als den zweiten Zugang zur Wahrheit verstanden. Nach den feinsinnigen Gesprächen des Sokrates, in denen es um Definitionen von Begriffen und um das Ringen um die Ideen ging, wird in vielen Dialogen im Anschluss ein Mythos erzählt, der in Bilder bringt, was vorher in Begriffen dargelegt wird. Keine Konkurrenz, eine Ergänzung, eine zweite Tür.

Schauen wir gelassen auf das mythische Treiben, das mitunter keinerlei religiösen Hintergrund mehr zu haben scheint (scheint!); es nimmt dem, was die Religionskunde als *Mythos* erkennt, seine Kraft nicht, auch nicht im Bereich des christlichen Glaubens! Ja, es ist mitunter arg oberflächlich, was sich alles als *mythisch* aufführt und häufig nur ein Phänomen der Popkultur darstellt. Auch hier gilt es, um die Sache zu wissen und sich nicht zu verkämpfen, wo es doch nicht um die Reinheit von Begriffen geht, sondern, um das *Evangelium*, das wir niemals haben, sondern um das wir uns stets neu bemühen müssen. Alle Begriffe, die wir hier behandeln, sind nicht um ihrer selbst willen gesetzt, sondern weil sie auf das Evangelium ausgerichtet sind!

Auch hier gilt es, um die Sache zu wissen und sich nicht zu verkämpfen, wo es doch nicht um die Reinheit von Begriffen geht, sondern, um das Evangelium *[…]*

Mystik und Magie

Das ist ja *mystisch*, heißt es häufig, wenn etwas rätselhaft ist, schaudererregend, abgründig. In der Popmusik schlägt die Stunde der verschleierten Akkorde und der Moll-Harmonien. »*Gedankenfaulheit*!« empört es sich in mir, »*Begriffsblindheit*!« Denn Mystik ist doch – ja, was eigentlich genau? Die Definitionsversuche ziehen sich durch die Religionsgeschichte und, wie bemerkenswert, verbinden die Religionen untereinander! Man hat den Propheten in vielen Religionen entdeckt, direkt neben dem Lehrer, dem Priester oder dem Märtyrer. Und neben dem Mystiker! Sein Ziel ist die schweigende Kontemplation des Unbegreiflichen (nicht in Begriffen zu Greifenden!), des Unaussprechlichen und der Einigung (Einung) mit dem Unendlichen. Wir haben zahlreiche Berichte mystischer Erfahrungen, die in Worten ausdrücken, was sich den Worten eigentlich entzieht. Sobald sie im Wort sind, verblassen sie, wirken banal und suggerieren, man könne ihnen folgen und sie womöglich wiederholen. Dabei ist das mystische Einheitserlebnis immer ein Widerfahrnis, das dem Zugriff des Mystikers entzogen bleibt.

Wahrscheinlich hat gerade diese Überbegrifflichkeit ermöglicht, dass das Wort sich selbstständig gemacht hat. Irgendetwas ist dem Mystiker widerfahren, das ihn verändert hat. Und weil ich mir auch Veränderung wünsche und in diesem »*Irgendetwas*« den Schlüssel dazu vermute, nenne ich jetzt auch meine unerklärlichen Erlebnisse *mystisch* – und sei es nur meine Hörerfahrungen bei bestimmter Musik. Oder ist der Begriffstransfer noch trivialer? Wie auch immer, das Wort sagt nicht mehr viel. Die Einigungserfahrung des Mystikers, die Verschmelzung mit der Gottheit (der die Religionsbehörden so gern Häresie unterstellen) – das alles schwingt nicht mehr mit, wenn von irgendetwas Mystischem geschwärmt wird. Da geht es nur noch um den Menschen, nicht mehr

Könnte das Wortfeld um die Mystik eine Hilfe sein, um ganz neu, ganz anders von Gott zu sprechen?

um die Gottheit. Oder vielleicht doch? Könnte das Wortfeld um die *Mystik* eine Hilfe sein, um ganz neu, ganz anders von Gott zu sprechen? Wer bestimmte Musik *mystisch* findet, ist vielleicht doch empfänglich für Zwischentöne, die sich der Begriffsbestimmung entziehen. Wieviel Kraft trauen wir dem Evangelium zu?

Und was hat es mit der *Magie* auf sich? Der Illusionist nennt sich auch Magier und wir denken dabei an Zauberkunststücke. Doch schon die Weisen aus dem Morgenland, die nach Bethlehem kommen, werden als *magoi* bezeichnet. *Magie* ist ursprünglich ein Geheimwissen (bei den morgenländischen Weisen wohl die Astrologie), das sich auf jenseitige Weltenzusammenhänge bezieht und diese durch Rituale beschwört. Außenstehenden, die nicht eingeweiht sind, erschließen sich Ursache und Wirkung und magische Praktik nicht; sie sehen nur die Zauberei. Und so machte sich der Ausdruck *magisch* auf den Weg und landete als *magic* in der Popkultur. Auch wenn die *Magie* sich als Öffnung von Hinterwelten nicht mit dem christlichen Offenbarungsanspruch verbinden mag, ist sie doch ein Beispiel für den Worttransfer aus dem ursprünglich religiösen Bereich in die schöne neue bunte Welt der Beliebigkeit. Schon längst hat ein munterer Wörterreigen begonnen, mal Mythos, mal Legende, mal Magie – egal, Hauptsache es klingt irgendwie bedeutungsvoll. *Irgendwie* reicht doch, oder?

Und nun noch die Ikone

Coco Chanel hat unzweifelhaft Modegeschichte geschrieben. Sie hat mit ihren Kreationen prägend gewirkt, ihre Kleider sind zum Vorbild geworden, das andere nachahmten. Welches Wort passt, um dieses Verhältnis von Vor-Bild und Nach-Bild zu kennzeichnen? In der orthodoxen Theologie kennen wir die *Ikone*, das Ab-Bild Christi, Marias oder der Heiligen: Keine Nachbildung, sondern das Fenster zum Himmel. Sehe ich die Ikone Christi, sehe ich Christus selbst. Feinsinnig hat man hierbei zwischen Anbetung und Verehrung unterschieden: Meine Anbetung gilt allein dem Dreieinigen, das Bild verehre ich lediglich. Im Hintergrund sind Platons Ideenlehre und seine Unterscheidung von Idee als Ur-Bild und Ding als Ab-Bild erkennbar.

Ikone ist das griechische Wort für Bild. Über dessen Betrachtung in der Weise der Verehrung und über die Prägekraft des Originals für die Nachahmung gelangte unser Wort in die Modewelt. Und, weiter noch, in die Kunst, in die Werbewelt, in den Konsumalltag. Bilder, die sich im kollektiven Gedächtnis verankert haben (Brandts Kniefall im Warschauer Ghetto, die Mondlandung …), werden mittlerweile als *ikonisch* bezeichnet. Eine Person, ein Ereignis mit prägender Wirkung – eine Ikone.

Wieder könnten wir über den sinnwidrigen Gebrauch verzweifeln. Doch was wäre dadurch gewonnen? Wahrscheinlich hat der Modefreund, der von Chanel als Stilikone spricht, keinerlei Ahnung von der orthodoxen Bildtheologie. Und er will ganz gewiss damit nicht die orthodoxe Ikonenverehrung schmähen. Er sucht nach einem Wort, das er passend findet. Ist es nicht wunderbar, dass er sich in der geistlichen Begriffsgeschichte umschaut? Ja, die Profanierung dieser und anderer Wörter zeigt auch, dass die Bedeutung der Kirche und des Evangeliums nachgelassen haben. Aber es liegt auch eine Chance in diesem Vorgang. Ich plädiere für einen entspannten, menschen- und wortsensiblen Umgang mit den altehrwürdigen Begriffen. Das mit ihnen illustrierte und der Kirche anvertraute Evangelium ist keine starre Botschaft, sondern das immer neue Eingehen Gottes in die Geschichte. Die Inkarnation hat immer eine geschichtliche und damit auch sprachgeschichtliche Dimension. Beharrung hat der Kirche und ihrer Botschaft noch nie gutgetan. Die Identität des Evangeliums hängt nicht an den Worten und ihren Wandlungen, sondern daran, dass Christus erkennbar bleibt. Wir haben es hier mit einer sprachlichen Inkulturation zu tun, die zugleich auf die bestaunenswerte Kraft der alten Begriffe verweist. Ist das nicht eine willkommene Anknüpfungsmöglichkeit für die heutige Verkündigung, den Blick in den Brunnen der Vergangenheit zu werfen und sich danach entschlossen dem Heute zuzuwenden? Und vergessen wir es bitte nicht: Nicht die Korrektheit, die Wahrheit wird uns frei machen!

Die Inkarnation hat immer eine geschichtliche und damit auch sprachgeschichtliche Dimension.

Dr. Frank Lilie ist Geistlicher Leiter des Berneuchener Hauses Kloster Kirchberg.

Des Geschickes Groll und der Virtuose der List

Die Prooemien der Ilias und der Odyssee im Vergleich

von Heiko Wulfert

Mit den ersten Versen, ja mit dem ersten Wort benennt der Dichter das Leitthema des Werkes, das wie ein Cantus firmus den ganzen Gesang von der Belagerung und dem Untergang Trojas durchzieht: der Groll.

»Μῆνιν ἄειδε θεὰ – den Groll besinge, Göttin ...«. So beginnt die Ilias, Homers[1] großer Gesang über den zehn Jahre währenden trojanischen Krieg, eines der ältesten schriftlich tradierten Werke Europas. Mit den ersten Versen, ja mit dem ersten Wort benennt der Dichter das Leitthema des Werkes, das wie ein *Cantus firmus* den ganzen Gesang von der Belagerung und dem Untergang Trojas durchzieht: der Groll, μῆνις.

Zu Μῆνις gibt es keine eindeutige etymologische Herleitung. Der Anklang an die Wurzel μαιν-, die Wüten, Rasen, Zorn, aber auch bacchantische Begeisterung, Rausch und Verzückung beschreibt, ist aber offensichtlich. Homer gebraucht Derivate dieser Wurzel immer wieder[2], wenn es darum geht, Leidenschaften zu beschreiben, die den Menschen überwältigen, sein Handeln bestimmen und ihn ins Verderben zu treiben drohen. Im hellenistischen Griechisch erscheint die Wurzel später als Hinweis auf den die Taten verursachenden falschen Wahn[3]. In der Septuaginta beschreibt sie das Wüten menschlicher Leidenschaften[4], im Neuen Testament wird sie zur Kennzeichnung von Gottesboten mit ihrer unerhörten Verkündigung gebraucht, die dem Ungläubigen als Irrsinn erscheint[5].

Der Begriff μῆνις bezeichnet bei Hesiod ausschließlich den Zorn der Götter, den selbst Herakles fürchtet und deshalb eilt, die

---

[1] Die nicht zu beantwortende Frage nach der Autorschaft des blinden Sängers Homer sei hier nicht weiter berührt. Vgl. Norbert Blößner, The State oft the Homeric Question, in: Matthias Fritz, Tomoki Kitazumi, Marina Veksina (Hrsg.): Maiores philologae pontes. Festschrift für Michael Meier-Brügger zum 70. Geburtstag, Ann Arbor/New York 2020, 13–45.

[2] Dabei geht es meist um das grimmige Kämpfen eines Gottes oder eines Helden in der Schlacht, wie z. B. Ares (Ilias 5,717), Hektor (Ilias 21,5) oder Diomedes (Ilias 5,185). Den vom Wein verursachten Rausch beschreibt Homer mit dem gleichen Begriff (Od. 21,297 f.).

[3] So z. B. bei Philo Vit Mos. I 161; Leg Gaj 233 und öfter.

[4] Z. B. Jer. 32,16 LXX.

[5] Z. B. Joh. 10,20 – vgl. Herbert Preisker, Art. Μαίνομαι, in: ThWbNT IV, 363 ff.

ihm gestellten Aufgaben zu bewältigen[6]. Dieser Zorn entbrennt als Fluchfolge über denen, die ihren von der Gottheit auferlegten Bestimmungen nicht gerecht werden, und führt in ein dunkles Verhängnis misslingenden Lebens. Aischylos stellt den Zusammenhang dar zwischen dem Göttergroll, der die Mordtat verfolgt, die gleichzeitig Rache in dem Verhängnis geschehenen Mordes ist: Aegisth hatte Agamemnon ermordet. Dessen Sohn Orest nahm Rache für seinen Vater, indem er Aegisth erschlug. Μῆνις leitet den Sohn zu seiner Tat[7], eben die μῆνις, von der es im gleichen Drama heißt, die Götter hegten einen unwandelbaren Groll gegen Troja[8]. In den Eumeniden kombiniert Aischylos μῆνις mit κότος (Zorn), wenn Athene auf dem Areopag im Prozess gegen Orest die Erinnyen bittet, das Volk nicht weiter mit Groll und Zorn zu überziehen, also die Rache der Götter und das Verhängnis des Grolls zu beenden[9].

In den Gesetzen gebraucht Platon den Begriff des Grolls ausdrücklich zur Beschreibung des göttlichen Strafgerichts. Der ruchlose Verbrecher tut den Eltern etwas an, ohne sich vor dem Groll der Götter zu fürchten[10], der ihn doch sicherlich erreichen und die Tat rächen wird. Der Groll entzündet sich an der bösen Tat und wirkt das Verhängnis. Von einem menschlichen Groll spricht Platon nur in Anlehnung an Homer, wenn er an den Rat des Phoinix an Achill erinnert, seinen Groll nicht aufzugeben, ohne dafür Geschenke empfangen zu haben[11]. Dies korrespondiert dem Bemühen, den Groll der Götter durch Opfer zu versöhnen.

Bei den genannten Autoren geht der Groll jeweils von den Göttern aus. Die Götter grollen, wenn Menschen sich gegen ihren Willen wenden. Ihr Groll führt die Menschen in ein lastendes Verhängnis. Auch wo ein Mensch als Rächer den göttlichen Groll ausführt, wie im Fall von Orest, verfällt er durch seine Rachetat ebenfalls dem übermächtigen göttlichen Groll, dem der Mensch hilflos und ohnmächtig ausgeliefert ist.

Die Götter grollen, wenn Menschen sich gegen ihren Willen wenden. Ihr Groll führt die Menschen in ein lastendes Verhängnis.

Anders erscheint dies bei Pindar. In seiner vierten Pythischen Ode besingt er Arkesilaos von Kyrene, den Sieger beim Wagenrennen. In epischer Breite stellt Pindar dabei die Geschichte der

6 Scutum Heraclis 21f: τῶν όγ' ὀπίξετο μῆνιν, ἐπείγετο δ' ὅττι τάχιστα / ἐκτελέσαι μέγα ἔργον, ὃ οἱ Διόθεν θέμις ἠεν – er fürchtete den Zorn der Götter und eilte, die großen Aufgaben zu erfüllen, für die ihn Zeus bestimmt hatte.

7 Aischylos, Agamemnon 155. οἰκονόμος δολία μνάμων μῆνις τεκνόποινος – … harrt kindahnenden Zorns im Verborgenen glühende Rachsucht.

8 A. a. O., 699 ff.: Ἰλίῳ δὲ κῆδος ὀρθώνυμον τελεσσίφρων μῆνις ἤλασεν – Eheleid für Eheglück schuf, fürwahr, dem Troerland / Wandelloser Götterzorn!

9 Aischylos, Eumeniden 889: μῆνίν τιν' ἢ κότον τιν' ἢ βλάβην στρατῷ.

10 Legg. IX 880e.

11 Resp. III 390e.

Argonauten dar, um die göttliche Herkunft des kyrenäischen Herrscherhauses zu belegen. Dem Politiker Arkesilaos wird zudem die Milde Iasons als Beispiel vorgehalten, die seiner Größe angemessen sei. Pindar steigert diese Größe so weit, zu sagen: »Du kannst den Groll der Unterirdischen zunichte machen«[12]. Arkesilaos, der in der Darstellung des göttlichen Ursprungs seiner Familie mit der Sphäre des Göttlichen umgeben wird, erscheint als göttlicher Mensch (θεῖος ἀνήρ), der mit besonderer Kraft nicht nur das Wagenrennen gewonnen hat, sondern selbst dem Groll der Unterirdischen widerstehen kann.

Noch einen Schritt weiter geht Sophokles in seinem Drama Oedipus Rex. Oedipus wird von Iokaste gefragt: »Bei allen Göttern, offenbar' auch mir, o Fürst, / Um welche Tat dir solcher Groll die Brust erfüllt«[13]. Die Anrede als ἄναξ (Fürst) benutzt einen Begriff, der für Götter und menschliche Herrscher gebraucht wird[14]. Oedipus, der weder Gott noch ein göttlicher Mensch (θεῖος ἀνήρ) ist, wird aber nun nach seinem Groll gefragt, der sonst nur den Göttern als alles Andere überstimmende Leidenschaft zugeschrieben wird. Dieser Groll erscheint im Drama als Movens, das seine Opfer ins Verhängnis treibt.

Homer schreibt den Groll als erstes Wort über seine Ilias. Immer wieder ist auch vom Groll die Rede[15]. Die ersten Verse der Ilias sind als Bitte an die »Göttin« formuliert. Nicht Apoll, der Gott der Dichtkunst, wird damit angesprochen, sondern eine der Musen. Die Anrede als Muse aber genügt nicht, geht es doch um die Urgewalt des Grolls, die Götter und Menschen bestimmt – so wird sie als Göttin angesprochen. Sie soll singen. Für »singen« gebraucht der Dichter das Verb αείδω, das für den Vortrag von Epen und Heldenliedern benutzt wird. Ein großer Gesang wird folgen, der von großem Groll berichtet. Der Groll erzeugt Unheil und Schmerz (άλγος), ein Wort, das Homer immer wieder gebraucht[16]. Groll und Unheil gehören zusammen. Der Groll setzt den Menschen dem Unheil und dem Leiden aus. Auch das Unheil wird von den Göttern über die Menschen verhängt, denen ihr Groll gilt. So heißt es in der Ilias 2,375: »Aber Zeus, der Kronide, der Donnerer, sandte

---

12 4. Pyth. Od. 158 f.: δύνασαι δ' αφελεϊν μάνιν χθονίων.

13 Πρὸς θεῶν δίδαξον κἄμ', ἄναξ, ὅτου ποτὲ / μῆνιν τοσήνδε πράγματος στήσας ἔχεις. (Oed. Rex 698 f.).

14 So ist es auch bei Homer, z. B. Od. 11,144.

15 Den Groll des Zeus, der zu meiden ist, beschreibt Ilias 5,34. Der Groll bestimmt die Heimsuchung der Troer durch die feindlichen Heere (Ilias 5,178).

16 Z. B. Ilias 2,39; 2,375; 2,721; 3,97; 5. 384; 5,394; 6,462; Od. 1,34; 2,41; 2,193; 2,343; 5,84 usw.

mir Sorgen«[17]. Und Odysseus nennt nach seiner Heimkehr vor Penelope als Grund seines Unheils: »Weib, wir haben nun beide genugsam Mühen ertragen / Du, indem du hier dich unter Tränen um meine / Heimkehr sorgtest, und ich von Zeus und den andern Göttern / Fern gehemmt vom so erflehten Lande der Väter«[18].

Gleich zu Beginn der Ilias verbindet sich der göttliche Groll mit dem Groll des menschlichen Helden Achill und wird zur Quelle des Unheils: Apollon hatte das Heer mit Pestpfeilen gestraft, weil die griechischen Heerführer seinen Priester Chryses beleidigt hatten, der seine von den Griechen gefangene Tochter Chryseis freikaufen wollte. Als Agamemnon, der Chryseis als seine Kriegsbeute betrachtete, die Auslieferung verweigerte, bat Chryses Apoll, das Heer zu bestrafen. Nachdem die Pest zehn Tage im Heer gewütet hat, beruft Achill eine Heeresversammlung ein und lässt den Seher Kalchas befragen, warum Apoll zürne. Als die Ursache bekannt wird, weigert sich Agamemnon zunächst noch immer, das Mädchen herauszugeben. Schließlich fordert er als Gegenleistung die Kriegsgefangene des Achill, Briseis, die dieser nicht herausgeben will. Nur ein göttliches Eingreifen verhindert einen tödlichen Streit der beiden Helden. Achill verliert Briseis an Agamemnon, der sie als Ersatz für Chryseis nimmt, ist darauf aber so verstimmt, dass er nicht mehr kämpfen will. Er bittet seine Mutter Thetis, so lange den Troern den Vorteil im Kampf gegen die Achaier zu sichern, wie er selbst sich grollend aus dem Streit zurückziehen und nicht auf der Seite Agamemnons und der Achajer kämpfen werde. Der Dichter sieht darin den Grund, dass der Krieg, den er von nun an auch immer wieder in Rückblicken und Einschüben schildert, sich in die Länge zieht und viele heldenhafte Krieger sterben und zum Fraß der Geier und Hunde werden, dass das Unheil übermächtig wird. Dadurch aber werde der Wille des Zeus erfüllt[19].

Der Groll des Achill ist also ein Mittel, um den Groll des Zeus wirken zu lassen. Er gilt beiden kriegführenden Parteien, die unter diesem dunklen Verhängnis stehen, an das selbst die Götter gebunden sind. Bei den Götterversammlungen, die Homer in Ilias und Odyssee darstellt, fällt es aber immer wieder auf, dass auch die Götter nicht frei in ihren Entscheidungen sind. Sie er-

Der Groll des Achill ist also ein Mittel, um den Groll des Zeus wirken zu lassen.

[17] ἀλλά μοι αἰγίοχος Κρονίδης Ζεὺς **ἄλγε**ʹ ἔδωκεν – alle deutschen Übersetzungen zu Homer sind dem Werk Thassilos von Scheffer entnommen. Daher heißt es auch hier »Schmerzen« und nicht »Unheil«.

[18] Od. 23, 350–354: »ὦ γύναι, ἤδη μὲν πολέων κεκορήμεθʹ ἀέθλων / ἀμφοτέρω, σὺ μὲν ἐνθάδʹ ἐμὸν πολυκηδέα νόστον / κλαίουσʹ· αὐτὰρ ἐμὲ Ζεὺς **ἄλγεσι** καὶ θεοὶ ἄλλοι / ἱέμενον πεδάασκον ἐμῆς ἀπὸ πατρίδος αἴης.

[19] Διὸς δʹ ἐτελείετο βουλή Ilias 1,5.

scheinen gebunden an das Verhängnis, das sie nur zum Teil selbst ins Werk gesetzt haben. Sie stehen, wie die Menschen, unter dem unabwendbaren Schicksal, der Bestimmung durch die Moira, der auch die Götter folgen müssen[20]. Durch sie ist der Untergang Trojas und die Heimkehr des Odysseus bestimmt und die Götter erscheinen als die Ausführenden, die das Geschick hinauszögern, aber es nicht verändern können. In den Versammlungen vor dem Vater der Menschen und Götter, Zeus, tragen sie ihre Beschwerden und ihren Willen vor, greifen auch in das Geschehen ein. Doch dessen Richtung verändern sie nicht.

In den homerischen Epen ist die Moira eine dunkle Gestalt. Der Begriff wird fast immer im Singular gebraucht, während in späteren Quellen die Moiren als Schicksalsgöttinnen erscheinen[21]. Die Moira führt einen jeden zum Ende des Lebens[22], sie lässt Hektor allein vor den Mauern Trojas[23] und sucht ihn heim, als sein Leben beendet wird[24]. Die Moira führt den Kämpfenden dem Überlegenen zu, der ihm das Leben nehmen wird[25], sie spinnt den Faden, dessen Ende das Leben eines Menschen bestimmt[26]. In späteren Quellen erscheint dieses dem Göttlichen zugeordnete Wesen als die Bestimmung, die Heimarmene. Sie ist schon bei den ionischen Naturphilosophen die bestimmende Macht und spielt als solche eine besondere Rolle bei Heraklit[27]. Das Problem von menschlicher Verantwortung und schicksalhafter Bestimmung wird dann vor allem in der Stoa bedacht[28]. Wird das Wirken der Heimarmene über die Möglichkeit eines göttlichen Einwirkens gestellt, führt der Weg zu einem antiken Atheismus, wie er sich in der Nachfolge Epikurs findet[29]. Homers Ilias bietet keine Lösung zu diesem Problem, zeichnet aber Götter und Menschen in ihrer Bindung an das unentrinnbare Geschick, dem sie unterworfen sind und durch das sie dem Groll ausgesetzt werden, der sie in Krieg und Unglück heimsucht.

---

20 Ilias 16,433ff.

21 Vgl. Paul Weizsäcker, Wilhelm Drexler: Moira. In: Wilhelm Heinrich Roscher (Hrsg.), Ausführliches Lexikon der griechischen und römischen Mythologie, D. 2/2, Leipzig 1897, Sp. 3084–3103.

22 Ilias 21,83.

23 Ilias 22,5.

24 Ilias 22,303.

25 Ilias 5,613.629.

26 Ilias 20,128. 20,196. 21,209.

27 Vgl. Wilhelm Capelle, Die Vorsokratiker, Berlin 1958, 140f.

28 Vgl. Maximilian Forschner, Die stoische Ethik, Stuttgart 1981, 104–113.

29 Vgl. Howard Jones: Epicurus and Epicureanism. In: Anthony Grafton u. a. (Hrsg.): The Classical Tradition. Harvard University Press, Cambridge (Massachusetts)/London 2010, 320–324. Gregson Davis, Sergio Yona: Afterlives of the Garden. Receptions of Epicurean Thought in the Early Empire and Late Antiquity. De Gruyter, Berlin 2023.

Troja muss untergehen, das wird am Ende der Ilias stehen. Und im Kampf um Troja stirbt neben anderen Helden aus Achaja auch der grollende Achill. Schon im ersten Gesang klagt seine Mutter Thetis darüber, die das Geschick ihres Sohnes, wie es über ihn verhängt ist, schon kennt. Homer verschweigt den Tod seines Helden in der Ilias, nennt nur die Prophezeiung seines Todes[30]. In der dunklen Wolke des Grolls wirkt das unabwendbare Schicksal, dem die Menschen in ihrem Unheil ausgeliefert sind, auch jene, die mit Erschauern die Lieder des blinden Sängers Homer hören.

In der dunklen Wolke des Grolls wirkt das unabwendbare Schicksal, dem die Menschen in ihrem Unheil ausgeliefert sind, auch jene, die mit Erschauern die Lieder des blinden Sängers Homer hören.

Die Odyssee erscheint nun bei genauer Betrachtung als ein narrativ entfaltetes Gegenbild zu der in der Ilias dargestellten Allmacht der Moira und des Grolls. Auch hier muss man auf das erste Wort und die ersten Verse hören:

> Ἄνδρα μοι ἔννεπε, Μοῦσα, πολύτροπον, ὃς μάλα πολλὰ
> πλάγχθη, ἐπεὶ Τροίης ἱερὸν πτολίεθρον ἔπερσε·
> πολλῶν δ' ἀνθρώπων ἴδεν ἄστεα καὶ νόον ἔγνω,
> πολλὰ δ' ὅ γ' ἐν πόντῳ πάθεν ἄλγεα ὃν κατὰ θυμόν,
> ἀρνύμενος ἥν τε ψυχὴν καὶ νόστον ἑταίρων.
> ἀλλ' οὐδ' ὧς ἑτάρους ἐρρύσατο, ἱέμενός περ·
> αὐτῶν γὰρ σφετέρῃσιν ἀτασθαλίῃσιν ὄλοντο,
> νήπιοι, οἳ κατὰ βοῦς Ὑπερίονος Ἠελίοιο
> ἤσθιον· αὐτὰρ ὁ τοῖσιν ἀφείλετο νόστιμον ἦμαρ.
> τῶν ἁμόθεν γε, θεά, θύγατερ Διός, εἰπὲ καὶ ἡμῖν.
>
> Nenne mir, Muse, den Mann, den vielgewandten, der vielfach
> Irrte umher, nachdem er die heilige Troia zerstörte.
> Vieler Menschen Städte und Wesen schaute sein Auge,
> Vielerlei Leiden ertrug sein Herz auf den Fluten des Meeres,
> ringend ums eigene Leben und um die Heimkehr der Freunde.
> Aber er konnte die Freunde trotz aller Mühe nicht retten;
> Gingen sie doch zugrunde durch ihre eigenen Frevel,
> da sie des Helios Rinder, des Hyperionen, verblendet
> schlachteten; ihnen versagte der Gott die Stunde der Heimkehr.
> Davon erzähle ein Teil auch uns, o Tochter Kronions.[31]

Der »Mann« (Ἀνήρ) ist nun das Leitwort. Während die Ilias das unabwendbare Verhängnis beschreibt, den Groll der Götter und Menschen, das Wirken des unentrinnbaren Geschicks, besingt die Odyssee den exemplarischen Mann, der dem Geschick und den Schmerzen ausgesetzt ist. Sein Name wird in diesen Versen gar

Der »Mann« (Ἀνήρ) ist nun das Leitwort.

[30] Ilias 21,277 f. 22,358 ff.
[31] Od. 1, 1–10.

nicht genannt, was seine Person ins Ikonenhafte übersteigert. Seine Leiden muss auch er tragen, von denen es heißt: »πολλὰ δ' ὅ γ' ἐν πόντῳ πάθεν ἄλγεα ὃν κατὰ θυμόν – er litt viele Schmerzen auf dem Meer über das Erträgliche hinaus«. Diese Leiden spiegeln sich in dem Gesicht des Menschen, der uns genau beschrieben, individuell und zugleich exemplarisch geschildert wird. Wir sehen den Einen, der zu leiden hat, und hören davon, wie er in diesen Leiden besteht.

Diese Schilderung erbittet der Sänger von der Muse. Zwar wird sie als Göttin und Tochter Kronions angesprochen, doch die erste Bezeichnung ist die der Muse, der vermittelnden Gestalt zwischen Göttern und Menschen. In der Ilias nennt er sie Göttin und erwartet von ihr den Heldengesang. Hier ist es die Muse, die zwischen Göttern und Menschen steht, sie verbindet und die Sinne des Menschen öffnet. Sie soll den Faden der Erzählung spinnen. Der Dichter benutzt das Wort ἔννεπε, das eine dem Hörer zugewandte detailreiche Erzählung beschreibt[32]. Der Sänger wird von ihr als erster angesprochen, »mir – μοι« flüstert sie es zu. Er erscheint dann als der, der das Erlauschte seinen Hörern weitergibt, so dass am Ende der Plural steht »erzähle auch uns – εἰπὲ καὶ ἡμῖν.

Der Mann, dessen Geschichte erzählt werden soll, wird zunächst nicht mit einem Namen, sondern mit einem Adjektiv gekennzeichnet: er ist »πολύτροπος« – ein vieldeutiges Wort. Thukydides gebraucht es zweimal. In seiner Grabrede des Perikles spricht dieser zu den über den Tod der gefallenen Krieger trauernden Eltern. Die Verstorbenen mussten ein wechselvolles Leben bestehen (ἐν πολυτρόποις ... ξυμφοραῖς) und fanden ein ruhmvolles Ende[33]. Hier steht πολύτροπος für den Wechsel der Geschicke, die zu meistern waren. Thukydides beschreibt in seinem Buch den Sittenverfall im Krieg, den er darin sieht, dass Menschen mit Rohheit und Gewalt gegen die geistige Gewandtheit ihrer Gegner zu bestehen suchen[34]. Hier bezeichnet πολύτροπος die Vielfalt des gebildeten Geistes, der aus Erfahrung gelernt hat, in den Wechselfällen des Lebens zu bestehen. In dieser Weise benutzt Platon den Begriff im Politicus[35], wo listenreiche Menschen mit schwachen Tieren verglichen werden, die durch ihre Gewandtheit gegen die Kräfte der Raubtiere bestehen. Herodot stellt in einer Erzählung den Meisterdieb dar, der durch seine πολυτροπία den

[32] Das Verb taucht bei Homer immer wieder auf (z. B. Il. 8,412; Od. 17,549). Ähnlich gebrauchen es Aeschylos (Choephorae 543), Hesiod (Opera et Dies 192), Euripides (Hercules furens 270) u. a.
[33] Thukydides 2,44,1.
[34] Thukydides 3,83,3 – ἐκ τοῦ πολυτρόπου αὐτῶν τῆς γνώμης
[35] Platon Politicus 291B.

Foto: Rolf Gerlach

König überlistet[36]. Noch in den Selbstbetrachtungen Mark Aurels erscheint die πολυτροπία als Bezeichnung für die überwältigende und herausfordernde Vielfalt der Welt[37].

So schillert Homers πολύτροπος in schwer wiederzugebender doppelter Bedeutung: Auf der einen Seite steht die Vielfalt der Erfahrungen, das Erlebte und Erlittene, die Herausforderungen von Entscheidung und Gefahr, das bittere Leiden des Menschen, der einem unabwendbaren Geschick ohnmächtig preisgegeben ist, zugleich das Erleben und Einüben von Fremdem und Neuem, das den Einzelnen formt und verändert. Auf der anderen Seite steht, was diesem Erleben entspringt, die Erfahrung, die auf neue Situationen angewandt werden kann, die zu erleben, zu bestehen oder zu überwinden sind. So ist der πολύτροπος einer, der viel erfahren hat, in der Welt hin und hergeworfen wurde, von Leiden und Entbehrungen geprägt, und zugleich der durch diese Erfahrungen Kundige und Listenreiche, der es gelernt hat, in seinem Geschick zu bestehen.

So schillert Homers **πολύτροπος** *in schwer wiederzugebender doppelter Bedeutung [...]*

[36] Herodot 2,121,5.
[37] Mark Aurel, Selbstbetrachtungen 12,24.

Homer deutet den Begriff πολύτροπος noch durch ein weiteres Wort, das in der Odyssee immer wieder als Epitheton des Odysseus auftaucht: πολυμήχανος[38]. Es bezeichnet den Menschen, der durch seine Erfahrung reich an Kunstgriffen und Hilfsmitteln ist, sich überall zu helfen weiß, sinnreich und klug erscheint. So kann Odysseus Polyphem besiegen und seiner Höhle entrinnen. So erscheint er schließlich als Bettler im eigenen Haus und übt Vergeltung an den Freiern[39]. In Abhängigkeit von Homer gebraucht Sophokles πολυμήχανος als Bezeichnung des Odysseus, dem es durch eine List gelingt, Philoktet, dessen Leiden das Heer der Griechen behinderte, auf der Insel Lemnos zurückzulassen[40].

Die Worte des Prooemiums der Odyssee beschreiben kunstvoll die doppelte Bedeutung des πολύτροπος: Der Mann, dessen Weg beschrieben wird, wurde umhergetrieben, der Chaosmacht des Meeres ausgesetzt, sah fremde Länder und Völker und lernte ihre Sitten kennen. Von vielerlei Unbill des Geschicks geschlagen, versuchte er immer wieder, zu bestehen, das eigene Leben und das seiner Gefährten zu bewahren. Diese konnten der Macht der Moira nicht entgehen, hatten sie doch gegen die Götter gefrevelt und die Rinder des Helios geschlachtet. Odysseus aber war es, dessen List den trojanischen Krieg nach zehn Jahren beendete. Ihm gelingt es auch, unter dem Schutz seiner Göttin Athene nach weiteren zehn Jahren der Irrfahrten, die Heimat zu erreichen und Rache an den Freiern zu verüben. Homer beschreibt den Listenreichtum des Erfahrenen als Weg, dem ehernen Gesetz der Moira zu entgehen. Der Kundige, der die Vielfalt der Welt erfahren und erlitten hat, geht aus dem Leiden hervor und kehrt in sein Leben und seine Heimat zurück. Nicht die überlegene Kraft, sondern der erfahrene Geist weist ihm den Weg.

Als ein früher Kommentator zum Werk des Homer und zur List des Odysseus erscheint Platon in seinem *Hippias minor*[41]. Sokrates setzt sich mit dem Sophisten Hippias von Elis über Wahrheit und Lüge auseinander. Dabei erscheinen Achilleus und Odysseus als

---

[38] Z. B. Ilias 2,173. Weitere Belegstellen bei: B. Zimmermann (Hrsg.), Mythos Odysseus. Texte von Homer bis Günter Kunert, Stuttgart 2004, 30–58. Ähnliche, seltener erscheinende Epitheta sind: πολύμητις (sehr klug, erfindungsreich), ποικιλομήτης (mit schillerndem Verstand, erfindungsreich, listig), πόλυτλας (viel duldend). Vgl. Georg Nightingale, Der listenreiche Odysseus. Zwischen Genialität und Normalität, in: Klopf, Johannes – Gabriel, Manfred – Frass, Monika (ed.), Trickster – Troll – Trug, Salzburg 2016, 119–151.

[39] Telemachos, der am Anfang der Odyssee als tatenloser Träumer erscheint, wird durch seine Fahrt auf der Suche nach seinem Vater in den ersten drei Gesängen der Odyssee selbst zu einem vielseitig Kundigen. Seine Entwicklung wird von Homer fein gezeichnet. Das nimmt James Joyce in seinem Roman »Ulysses« auf.

[40] Sophokles, Philoktet 1120.

[41] Hippias minor 364C.

Beispiele. Sokrates stellt die Frage: »*Indessen, was sagst du uns von dem Achilleus und dem Odysseus? Welchem von beiden erklärst du als den besseren und in welcher Hinsicht? [...]*« Hippias antwortet: »*Ich behaupte [...], daß Homeros als den besten Mann unter denen, die nach Troia gekommen, den Achilleus gezeichnet habe, als den weisesten aber den Nestor, als den vielgewandtesten den Odysseus*«[42]. Für Hippias ist Odysseus der verschlagene Mann, der sich durch den Gebrauch der Lüge gewandter als der aufrichtige Achilleus zeigt. Nach Platons Darstellung handeln eben so die Sophisten, die Wahrheit, Halbwahrheit und Lüge in der Vieldeutigkeit ihrer Worte vermischen und die Menschen verführen. Sokrates lässt das aber so nicht stehen. Für ihn ist Odysseus der Kundige, der geschickt zu täuschen versteht und so den überlegenen Gegner mit den Waffen des Geistes überwindet[43].

Die List des Odysseus schwankt seit dieser ersten Betrachtung bei Platon in einem ambivalenten Spektrum der Beurteilung. Tarnung und Täuschung, Halbwahrheit und Lüge erscheinen bei Homer als nötig, um den gefahrvollen Situationen zu entgehen. Auf der Spur Platons wird dabei immer wieder Täuschung und Lüge als Weg der List beschrieben und aus ethischer Sicht verurteilt. In Dantes *Divina Comedia* füllt die Rede des Odysseus einen großen Teil des 26. Buches des Inferno aus. Seine Taten, wie die Erfindung des trojanischen Pferdes, sein Auffinden des Achill, der Raub des Palladiums von Diomedes usw., erscheinen als eine Reihe von List und Betrug, für die er nun auch in der Hölle zu büßen hat.

Die List des Odysseus schwankt seit dieser ersten Betrachtung bei Platon in einem ambivalenten Spektrum der Beurteilung.

Hegel sieht in Odysseus den listenreichen Mann, der dem gefahrvollen und gewaltigen Element des Meeres begegnet, der Chaosmacht der Antike[44]. Seine Deutung steht darin der homerischen Schilderung nahe, wenn sie sich auch einseitig auf das Chaos bezieht und die Ambivalenz von göttlichem Ratschluss zu Heil oder Unheil und die Unentrinnbarkeit der Moira nicht sieht. Eine ähnliche Sichtweise findet sich bereits bei Augustinus, der das Bild vom Schiff gebraucht, das im Chaosmeer nicht untergeht und an dessen Mast gebunden Odysseus dem Gesang der Sirenen entgeht[45].

---

[42] Übersetzung von Ludwig Georgii: Platon. Sämtliche Werke, Bd 1, Berlin [8]1940, 152.

[43] Plato beurteilt Odysseus durchgängig positiv. Vgl. Fabio Massimo Giuliano: L'Odisseo di Platone. Uno ζήτημα omerico nell'Ippia minore. In: Graziano Arrighetti (Hrsg.): Ricerche di filologia classica, Bd. 4: Poesia greca, Pisa 1995, 9–57.

[44] G. W. F. Hegel: Vorlesungen über die Philosophie der Geschichte; in: Werke in 20 Bänden, Frankfurt am Main 1969–1970, Bd. 12, 119.

[45] Ennar. In Ps. 103,4.5 (PSL 37 1380/81). Der Gedanke findet sich auch bei Clemens Alexandrinus und taucht in der patristischen Literatur öfter auf. Vgl. Günter Glockmann: Homer in der frühchristlichen Literatur bis Justinus (TU 105), Berlin 1968.

Eine negative Beurteilung des listenreichen Odysseus findet sich dagegen bei Max Horkheimer und Theodor W. Adorno. Besonders die List, die Odysseus gegen Polyphem gebraucht, indem er sich »Niemand« nennt, steht für die beiden Philosophen für den »Betrug des Namens«: »Aus dem Formalismus der mythischen Namen und Satzungen, die gleichgültig wie Natur über Menschen und Geschicke gebieten wollen, tritt der Nominalismus hervor, der Prototyp bürgerlichen Denkens«[46]. Dieser Nominalismus aber verzerrt und entstellt die Wirklichkeit der Gesellschaft und ihrer Interaktionen.

Der Übermacht der Moira und des Grolls entgeht er als der Held, der über mehr als Kraft und Waffenkunst verfügt – er ist ein Virtuose der List.

Homer aber zeichnet die πολυτροπία des Odysseus in anderer Weise – ohne pejorative Konnotation. Der Krieg in der Ilias, der doch in der From eines Heldenepos beschrieben wird, ist das schwere und leidvolle Verhängnis der Moira, die auch die Lichtgestalten der Heroen von Troja in ihrer Dunkelheit verschlingt. Die Heldenreise der Odyssee[47] zeichnet dagegen den auf dem Chaosmeer umhergetriebenen Odysseus, der durch die Kenntnisse, die er durch seine Leiden erworben hat, als »Listenreicher« gegen des Geschickes Groll bestehen kann. Der Übermacht der Moira und des Grolls entgeht er als der Held, der über mehr als Kraft und Waffenkunst verfügt – er ist ein Virtuose der List.

Pfarrer Dr. theol. Heiko Wulfert ist evangelischer Gemeindepfarrer im Ruhestand und Probemeister des Konvents der Evangelischen Michaelsbruderschaft.

[46] Max Horkheimer / Th. W. Adorno: Dialektik der Aufklärung. Philosophische Fragmente, Frankfurt a.M 1988, 69.
[47] Vgl. Joseph Campbell: Der Heros in tausend Gestalten, Frankfurt a.M 1999.

Balthasar Sprenger, die Natur, die Bienen und der Schöpfer

von Wolfgang Max

Wer in den Maulbronner Klosterweinbergen spazieren geht, kann auf eine Hinweistafel zu Balthasar Sprenger treffen. Geboren wurde er im Jahr 1724 im Pfarrhaus von Neckargröningen, seine Schulzeit verbrachte er hauptsächlich in den sog. niedrigen theologischen Seminaren, den Klosterschulen in Blaubeuren und Bebenhausen. Darauf aufbauend führte er die Ausbildung fort und beendete sie im höheren theologischen Seminar des Tübinger Stifts, einem früheren Augustinerkloster.[1] Im Jahr 1757 wurde er selbst Lehrer und Prediger in Maulbronn, 1781 Abt des früheren Prämonstratenserklosters Adelberg sowie Generalsuperintendent und Mitglied der Kirchenleitung mit Sitz und Stimme im württembergischen Landtag.[2]

Sprengers in lateinischer Sprache verfasste und bei einem Theologen eingereichte Magisterpromotion ging über ein mathematisches Problem, die geometrische Beschreibung neu entdeckter regelmäßiger Vielecke: »Geometrische Beschreibung der regelmäßgigen Vielecke in welcher aus der jüngst entdeckten Natur [...]«[3]. Bereits im Titel lässt er zwei Charakterzüge durchscheinen: Interesse an Neuentdeckungen und Lust an der Mathe-

---

1 Württemberg hat die großen Männerklöster in der Reformationszeit nicht aufgelöst, sondern umgewandelt in Klosterschulen, in denen das monastische Leben von den Lehrern und Schülern unter einem (i. d. R. verheirateten) Abt weitergeführt wurde. Es gab speziell für die Klosterschulen immer wieder bearbeitete Ausgaben des benediktinischen Stundengebets. Bis in die Zeit der Auflösung der Klöster unter Napoleon waren die Schüler auch wie Mönche gekleidet. Anfangs war angedacht, dass Mönche unter der Prämisse der lutherischen Rechtfertigungslehre das Klosterleben zusammen mit den Schülern weiterführen könnten, ein Projekt, das allerdings nur in Herrenalb für eine Weile einigermaßen Bestand hatte, aber schließlich doch und nicht ganz ohne Druck beendet wurde. Neben den Äbten (Prälaten) gab es auch vom Herzog eingesetzte weltliche Verwalter für die teilweise recht beträchtlichen Klostergüter, die der Unterhaltung der Klöster und Schulen dienten, der Überschuss der Einkünfte ging an die Staatskasse. In aller Regel hat die Einrichtung gut funktioniert. Eine andere Zeit brach mit der Säkularisation an. Vgl. Andreas Odenthal, Evangelische Stundenliturgie in Württemberg: Zum Chordienst der Klöster und Klosterschulen nach Einführung der Reformation, Tübingen 2020.

2 Das Amt der Generalsuperintendenten war an vier Klöster gebunden, i. d. R. Adelberg, Alpirsbach, Bebenhausen und Maulbronn. Die Aufgaben der Generalsuperintendenten betrafen in erster Linie Themen im Kontext von Visitationen, gleichzeitig waren sie als Ratgeber in die Landespolitik involviert und konnten eine segensreiche Brücke zwischen Land und Hof sein.

3 Übersetzung aus dem Lateinischen: Dr. Martin Schneider.

[...] die beiden Quellen der Gotteserkenntnis: Die Offenbarung in der heiligen Schrift und die Gotteserkenntnis aus der Natur [...]

matik. Später schrieb er, nun in deutscher Sprache, über den Feldbau, den Weinbau und das Bienenbuch[4].

Vielleicht fragt sich der geneigte Leser: Hat ein Geistlicher nichts anderes zu tun, als sich mit mathematischen Themen oder mit Ackerbau und Viehzucht zu beschäftigen? Die Antwort gibt Sprenger selbst in der Vorrede zu den Büchern über den Feldbau. Er erläutert die beiden Quellen der Gotteserkenntnis: Die Offenbarung in der heiligen Schrift und die Gotteserkenntnis aus der Natur: Die menschliche Vernunft vernimmt Gott aus Beidem, aus dem Studium der Natur und aus dem Studium der heiligen Schrift.[5] Beides versucht Sprenger zusammenzusehen. Durch das gesamte Bienenbuch ziehen sich Bibelzitate, und zwar nicht nur solche, in denen die Bienen oder der Honig vorkommen.

Als biblische Begründung für die Natur als Quelle der Gotteserkenntnis führt Sprenger insbesondere zwei Texte an: Röm. 1,20 *Gottes unsichtbares Wesen, das ist seine ewige Kraft und Gottheit, wird seit der Schöpfung der Welt ersehen aus seinen Werken, wenn man sie wahrnimmt.* Dem entspricht Sprengers großer Wahrnehmungseifer, sein Forschertrieb. Die zweite Bibelstelle: Ps. 111,2 *Groß sind die Werke des Herrn, wer sie erforscht, der hat Freude daran.* Die Freude am Forschen sprüht bis heute aus seinen Büchern.

Dabei ist er sich dessen bewusst, dass die Erkenntnis des Naturforschers Stückwerk bleibt, dass es den wissenschaftlichen Austausch braucht unter den Forschern und dass es die Leute braucht, die das Erkannte umsetzen. Er sah sich in doppelter Weise als Bindeglied: Man kann sich gut vorstellen, wie er mit den Pfarrern der Maulbronner Klosterdörfer und interessierten Weingärtnern durch die Rebanlagen spazierte, wie sie Fragen des Weinbaus erörterten und die Umsetzung seiner wissenschaftlichen Erkenntnisse in die Praxis bedachten. Gleichzeitig wurde er zu einem Mittler zwischen Naturwissenschaft und Theologie. 1771 wurde Sprenger in die Leopoldina, die deutsche Akademie der Naturwissenschaften aufgenommen. Er erhält Rufe als Professor auf naturwissenschaftliche Lehrstühle. Doch er sah seine

---

[4] *Einleitung in die neuere Bienenzucht nach ihren Gründen.* Stuttgart 1773; als Digitalisat im Internet zu finden unter: #4 – Einleitung in die neuere bienenzucht nach ihren gründen : ... – Full View | HathiTrust Digital Library. Der dritte Band der Bücher zum Weinbau wurde neu herausgegeben: Balthasar Sprenger, Anleitung zur Verbesserung der Weine in Deutschland, Brackenheim 2008.

[5] Er steht damit in der vielfach rezipierten Tradition des Kirchenvaters Augustin: Gott spricht zum Menschen auf zweifache Weise: Durch die Heilige Schrift und durch das Buch der Natur. Vgl. auch den nach wie vor gültigen Badischen Katechismus von 1928/1929, Frage 33: Wie lernen wir Gott kennen? Wir lernen Gott kennen durch seine Offenbarung in der Natur, in der Geschichte der Menschen und in unserm Innern, ganz besonders aber in der Heiligen Schrift. Im Konfirmandenunterricht mussten wir alle Aussagen streichen mit Ausnahme der letzten.

Foto: Rolf Gerlach

Berufung auf den Predigtstuhl und er blieb bescheiden bei dem Bewusstsein: Niemand kann alles sehen. Die Gesamtschau aller Dinge liegt bei Gott. Bei ihm läuft alles zusammen: Chemie, Biologie, Mathematik, Agrarwissenschaft und auch die Theologie.

Hermann Ehmer rechnet ihn in seiner gerade erschienenen Württembergischen Kirchengeschichte zur Volksaufklärung[6]. Das entspricht in etwa dem, was der Liturgiewissenschaftler Frieder Schulz in Heidelberg mit »*fromme Aufklärung*« bezeichnete: Gebet, Schriftlesung, Gottesdienst und naturwissenschaftliches Studium werden ebenso zusammengehalten wie Wohl und Heil, die Sorge um die ewige Seligkeit und das irdische Wohlergehen.[7] Sprenger gehört damit in eine Reihe von Theologen, die zu ihrer Zeit die Mainstreamtheologie bildeten, die sogenannten Physikotheologen. In ihren naturwissenschaftlichen Betrachtungen und ihren technischen Neuerungen sahen sie eine Form des Gotteslobs.[8] In der Physikotheologie trafen sich Theologen unterschiedlichster Richtungen, Orthodoxe, Pietisten und Aufklärer.

Niemand kann alles sehen. Die Gesamtschau aller Dinge liegt bei Gott.

6 Hermann Ehmer, Württembergische Kirchengeschichte: Von der Christianisierung bis zur Gegenwart. Gebundene Ausgabe, Stuttgart 2025.

7 Mündlich überliefert.

8 Gisa Bauer, Naturwissenschaft, Volksaufklärung und Physikotheologie, in: Gerhard Ammerer, Michael Brauer, Marlene Ernst (Hg.), Bienen und Honig, Insbruck und Wien 2023.

In Visitationsberichten wird Sprenger als duldsam bezeichnet, als interessanter Prediger und den Menschen zugewandter Seelsorger. Er war eifrig, aber kein Eiferer.

Auf der Maulbronner Tafel wird nur von Sprengers Verdiensten um den Weinbau berichtet. Nun aber zum Bienenbuch, das 1773 in Stuttgart veröffentlicht wurde.

Es ist beeindruckend, wie Sprenger sich den Bienenstöcken nähert, schon von Weitem riechend, hörend, sehend. Sorgfältig arbeitet er sich ein in ihre Welt, beginnend mit der Anatomie des Bienenkörpers, über die Zusammensetzung eines Bienenvolks (Bienen, Drohnen, Königin), über die Aufgaben der Bienen und deren Organisation, über Bienenbeuten, d. h. deren künstliche Behausungen und deren Pflege, über Honiggewinnung und Honigaufbewahrung, Winterfütterung (genug Honig im Stock lassen, Honigstreckung mit Sternanistee und gutem Wein), über bienenfreundliche Pflanzen, gute Standorte, Bienenkrankheiten und -Feinde. Die ärgsten Räuber, sagt er, sind Menschen, dann erst die Hornissen. Immer wieder betont er, dass man den Bienen nur so viel Honig wegnehmen darf, dass sie gut über den Winter kommen. In manchen Jahren soll man ihnen – je nach Witterung – ab Jakobi (25.7.) keinen Honig mehr nehmen oder aber spätestens ab Bartholomäi (24.8.).

Sprenger denkt nicht von der Wachs- und Honiggewinnung her, sondern von den Bienen: Was braucht die Biene, damit es ihr gut geht?

Es fällt auf: Sprenger denkt nicht von der Wachs- und Honiggewinnung her, sondern von den Bienen: Was braucht die Biene, damit es ihr gut geht? Das ist seine Leitfrage.

In einem älteren Bienenbuch des Beilsteiner Pfarrers Andreas Picus (1543–1609), das auch zu Sprengers Zeiten noch gedruckt und gelesen wurde, wird für die Wachs- und Honiggewinnung empfohlen, die Bienen mit Schwefel abzutöten.[9] Sprenger wendet sich unter Berufung auf Ps. 145, 9a strikt gegen diese Praxis: *Der Herr ist allen gütig und erbarmt sich aller seiner Werke.*

Nicht die Bienen sind unser Lehrmeister, sondern Gott durch die Biene und wer nicht gut für die Bienen sorgt, streitet gegen Gott. Der Gedanke der Nachhaltigkeit, also der Natur nur so viel zu nehmen, dass sie sich immer wieder regenerieren kann, scheint immer wieder durch. Auch das Problem des Artensterbens ist indirekt angesprochen:

»In der Welt hangt alles zusammen, und, in so fern es sich der göttlichen Einrichtung gemäß verhält, hat es auf alle übrige Nebengeschöpfe einen nahen oder entfernten gutthätigen Einfluß […].« (223)

[9] Hermann Ehmer, Andreas Picus (1543–1609). Pfarrer und Imker. In: Blätter für württembergische Kirchengeschichte 114 (2014), 165–210.

Noch einmal: Es darf nicht primär darum gehen, die Bienen gut zu pflegen, damit sie uns reichlich Wachs und Honig geben. Es geht darum, sie zu pflegen, weil sie Bienen sind, Geschöpfe Gottes, wie viele andere auch und wie wir selbst.

Wenn wir »*sie ihrer von Gott verliehenen Natur und Bestimmung, die uns ehrwürdig sein müsssen, gemäß behandelt haben; haben wir dabei auch uns erbauet, so haben unsere Behandlungen der Bienen edle, würdige Beweggründe und Schranken, so sind sie geheiligt [...]*«. (262) Verantwortungsbewusste Arbeit ist eine geheiligte Tätigkeit.

Aber wer kann das, selbstlos für die Bienen sorgen? »*Wer ist hierzu tüchtig? Fürwahr niemand als ein wahrer Christ. Ein solch erweitertes Herz, ein solcher Sinn, der dem göttlichen gemäß ist, Gottes Bild ist, und ein Kennzeichen seiner Kindschaft, der uns zu allem Guten und zur Bürgerschaft seiner Stadt fähig macht; ist der höchste Seegen [. . .].*« (262 f.) Es braucht die Wiedergeburt, eine göttliche Sinnesänderung von Grund auf ... »*Diesen Knoten löst Gott auf, wenn er seinen Geist und Kraft in eine andere Natur gibt.*« Dazu soll man im Gebet Gottes Gnade suchen und finden in Christus ... »*Alsdann, wenn dies geschehen ist, wiederfährt uns die Frucht der Gnade, daß ein Gott gleichförmiger Sinn in uns gewirket wird, wir bessere Einsichten, ein anderes Herz und so auch Wollen und Kraft zu einem auf den Hauptzweck Gottes gerade hinzielenden Leben bekommen, und durch ununterbrochene Übung immer harmonischer mit ihm und seinen guten Geschöpfen wirken.*« (264 f.)

Drei Dinge sagt uns Sprenger zu der Frage: Was wir von den Bienen lernen können:

1. Wie die Bienen sich den Nektar, so sollen wir uns Gottes Wort einverleiben »*Dein Wort ist meinem Munde süßer als Honig.*« Ps. 119,103
2. Wie die Bienen im Stock ihre Aufgaben übernehmen, so sollen auch wir in der Gesellschaft unseren Platz einnehmen zum Aufbau eines Ganzen.
3. Wir sollen wie Engel und Bienen nicht müssig sein.
   »*von ihnen lernen und von ihnen angefeuert werden, eben so das Unsrige im Reiche Gottes zu tun, wie sie und alle Lebendige bis zum Erzengel ...*« (258), wie die Bienen etwas tun zum »*Vergnügen des gütigen Gottes*«. (261)

Eine persönliche Schlussbetrachtung:

Ich habe den Eindruck, dass sich gerade schwäbische Theologen für die Natur interessieren:

Ich habe den Eindruck, dass sich gerade schwäbische Theologen für die Natur interessieren [...]

Prälat Oetinger für die Elektrizität, Pfarrer Philipp Matthäus Hahn für die Mathematik und Mechanik, Pfarrer Flattich für den

Landbau, weitere Namen könnten genannt werden. Ist das Zufall? Liegt es an den Lehrplänen der Klosterschulen, die in Melanchthonisch-Humanistischer Tradition auch auf Fächer wie Mathematik, Naturkunde und Musik Wert legten[10]? Oder liegt es an einer besonderen Erd- und Naturverbundenheit der Schwaben? Und wenn es die gäbe, woher käme sie?

Ich hatte so eine Idee. Und die hat mit dem württembergischen »Urtheologen« zu tun, mit Johannes Brenz.[11]

Johannes Brenz wurde 1499 in Weil der Stadt geboren, Philipp Melanchthon 1497 in Bretten, eine stramme Tageswanderung voneinander entfernt. Etwa ein Jahr lebten sie gemeinsam in Heidelberg, als Brenz 11 Jahre alt war und Melanchthon 13, der eine Schüler, der andere schon Student. Eine herzliche Freundschaft hat die beiden über die Jahre ihres Lebens verbunden. Immer wieder sind sie sich insbesondere bei theologischen Einigungsgesprächen begegnet, haben einander geschrieben und Geschenke ausgetauscht. Bei der Erstellung des Augsburgischen Bekenntnisses 1530 arbeiteten sie eng zusammen. 1554 wird Brenz Stiftspropst in Stuttgart.

Theologisch knüpfte Brenz eng an Luther an, auch in der Abendmahlslehre. Luther sah Gott und Schöpfung eng beieinander, wenn er beispielsweise sagt, dass Gott da sei *»in einer jeglichen Kreatur, in ihrem Allerinwendigsten, Auswendigsten, um und um, durch und durch, unten und oben, vorn und hinten [...] dass nichts Gegenwärtigeres noch Innerlicheres sein kann in allen Kreaturen denn Gott selbst [...]«*[12]. Er sieht Gottes Schöpferkraft *»an allen Orten wesentlich und gegenwärtig, auch in dem geringsten Baumblatt«.*[13] Brenz greift Luthers Weltsicht auf und formuliert: *»denn die ganze Gottheit wohnt auch in den Geschöpfen gegenwärtig, wesentlich und gewaltig«.*[14]

---

10 »Wenn also Paulus sagt: ›Hütet euch, damit euch niemand durch Philosophie täuscht‹ (Kol. 2,8), dann ist das nicht so zu verstehen, als wäre die Philosophie, die uns über unsere leibliche Natur und unser Zusammenleben belehrt, nichtig. Er gesteht uns zu, von unserem vernünftigen Denken [...] Gebrauch zu machen. Rechnen, Ausmaße bestimmen, bauen, malen, Krankheiten heilen, Recht sprechen, all das verbietet er nicht. Im Gegenteil [...].« Aus Melanchthons Auslegung des Kolosserbriefs, zitiert nach Hans Rüdiger Schwab, Philipp Melanchthon. Der Lehrer Deutschlands, München ²1997.

11 Vgl.: Jörg Baur, Johannes Brenz. Ein schwäbischer Meisterdenker auf den Spuren Luthers. In: Blätter für württembergische Kirchengeschichte 100. Jahrgang, Stuttgart 2000.

12 Zitiert nach Albrecht Peters, Realpräsenz, Luthers Zeugnis von Christi Gegenwart im Abendmahl, Berlin 1960, 76.

13 A. a. O., 75.

14 Baur, 39. Der schwäbische Mystiker und Laientheologe Michael Hahn beschreibt um 1778 seine sog. Zentralschau, die alles umfassende Erfahrung der Gegenwart Gottes mit dem Begriff der Allenthalbenheit, also der Ubiquität Gottes: »Ich sahe in die innerste Geburt und allen Dingen ins Herz und mir war, als wäre auf einmal die Erde zum Himmel geworden und als ob ich die Allenthalbenheit Gottes schaute.« Vgl.: W.F. Stroh, Die Lehre des württembergischen Theolophen Michael Hahn, Stuttgart ⁴1965.

Der früh verstorbene Tübinger Philosophieprofessor Erwin Metzke folgt dieser Gedankenspur in der Schrift *Sakrament und Metaphysik, eine Lutherstudie über das Verhältnis des Christlichen Denkens zum Leiblich-Materiellen*, Stuttgart 1948.

In die Zeit der sich für manche bereits abzeichnenden ökologischen Krise hinein schreibt Metzke, dass Luthers Denken *»eine Möglichkeit eröffne(n), um bedrängende Fragen, die sich auf die elementaren Grundlagen unseres ganzen menschlichen Lebens beziehen [...] fruchtbarer zu erörtern [...] gerade Luther hat den Gedanken gewagt, Gott in ein unmittelbares Verhältnis zum Leiblich-Kreatürlichen und zum sinnengebenden Element zu setzen. Und zwar ohne den göttlichen Geist in seiner schöpferischen Freiheit auch nur im geringsten zu mindern, aber auch ohne andererseits die Materie wieder zu relativieren, die vielmehr im Leibe Christi und in den Elementen des Sakraments real und unverändert Gott umschließt.«* [15]

[...] gerade Luther hat den Gedanken gewagt, Gott in ein unmittelbares Verhältnis zum Leiblich-Kreatürlichen und zum sinnengebenden Element zu setzen

Der aus Heilbronn stammende, inzwischen emeritierte Heidelberger Theologieprofessor Wilfried Härle veröffentlicht 2012 Metzkes Schrift in Auszügen neu und schreibt in seiner Begründung: *»Häufig wird beklagt, dass die christliche, insbesondere die evangelische Theologie ein gebrochenes Verhältnis zum Leiblich-Materiellen habe. Metzkes Studie zeigt, dass dies jedenfalls für Luthers Abendmahlsverständnis nicht zutrifft und von ihm her nicht zutreffen muss. Daher verdient dieser Text es m.E., zu einem Grundtext der neueren evangelischen Theologie zu werden.«*[16]

Balthasar Sprenger hat Gott und Schöpfung eng zusammen gesehen, darin könnte ein kraftvoller Anstoß für unser Leben in Zeiten der ökologischen Krise erwachsen. Meine Vermutung, dass ihm Brenz und die lutherische Abendmahlslehre dazu einen Weg gewiesen haben könnten, konnte ich bisher nicht verifizieren. Aber vielleicht liege ich auch nicht falsch.

Wolfgang Max ist Pfarrer und gehört der Evangelischen Michaelsbruderschaft an. Der Aufsatz war ursprünglich Teil eines Abends im Brettener Melanchthonhaus im Dezember 2025 unter dem Motto: Das Bienenglück, Erstaunliches aus Imkerei, Theologie und Melanchthonforschung mit Prof. Dr. Christian Neddens sowie Annegret und Wolfgang Max.

[15] Metzke, 6f.

[16] Wilfried Härle, Grundtexte der neueren evangelischen Theologie, Leipzig ^{2}2012, XXXIX.

Nachdenkliches zu Dietrich Bonhoeffers Frage nach der Möglichkeit evangelischer Kirche

von Karl Adolf Bauer

1. Am 4. Juni 1980 veranstaltete die Kirchliche Hochschule Wuppertal eine Gedenkstunde für Heinrich Schlier und ich wurde um einen Vortrag dazu gebeten[1]. Der Bruderrat der Bekennenden Kirche der Altpreußischen Union hatte Schlier 1935 mit dem Aufbau und der Leitung einer Kirchlichen Hochschule für reformatorische Theologie in Wuppertal-Elberfeld beauftragt, die freilich schon am Tage ihrer Eröffnung, dem 1. November 1935, verboten, aber illegal und getarnt bis ins Jahr 1941 fortgeführt wurde. Schlier war 1945 zum Professor für Neues Testament an die Evangelisch-theologische Fakultät Bonn berufen worden. Doch am 25. Oktober 1953 trat er zur katholischen Kirche über – ein Schritt, der unter vielen evangelischen Christen eine schwere Erschütterung auslöste. In einer »Kurzen Rechenschaft«[2], in der Schlier seine Konversion begründete, erklärte er, dass ihn die Führung eines Pfarramtes und die Beratungen der Synoden der Bekennenden Kirche immer klarer erkennen ließen, dass in diesem Kampf *»in der evangelischen Kirche, die Kirche wieder zu gewinnen«*[3], letztlich die *verbindliche Autorität des Evangeliums* und die *Möglichkeit evangelischer Kirche überhaupt* auf dem Spiel stehen. Mehr und mehr sei ihm klar geworden, dass das dogmatische Prinzip durch das charismatische oder pneumatische Prinzip ersetzt werde, das will sagen: In der evangelischen Kirche heben manche *»den Kanon von innen her auf und ersetzen ihn durch den Kanon des Ereignisses der durch das Wort der Schrift entzündeten Inspiration«*[4].

[…] dass in diesem Kampf »in der evangelischen Kirche, die Kirche wieder zu gewinnen«, letztlich die verbindliche Autorität des Evangeliums und die Möglichkeit evangelischer Kirche überhaupt auf dem Spiel stehen.

---

1 Karl Adolf Bauer, Kerygma und Kirche. Der Weg Heinrich Schliers als Anfrage an die evangelische Kirche und ihre Theologie. EvTh 41/1981, 401–422.

2 Wieder abgedruckt in: Heinrich Schlier, Der Geist und die Kirche. Hg. von Veronika Kubina und Karl Lehmann. Freiburg 1980, 270–289.

3 A. a. O., 273.

4 Ebd.

2. Im Jahr 1974 erschien der Band 6 der »Gesammelten Schriften Dietrich Bonhoeffers[5]. In ihm wurde erstmals ein an Eberhard Bethge gerichteter Brief Bonhoeffers vom 9.10.1940 öffentlich bekannt. Aus diesem Brief habe ich in meinem Vortrag eigens zitiert, da sich Schliers Sicht des Kirchenkampfes erkennbar der Bonhoeffers nähert. In diesem Brief nimmt Bonhoeffer u. a. Bezug auf ein Gespräch mit Bethge »über die kirchliche Lage«. Auf sie bezogen heißt es: *»Dabei wurde mir wieder(!) ganz klar, dass der Kampf um das Kirchenregiment in der Tat die aus der Geschichte der Kirche notwendig hervorgegangene Frage nach der Möglichkeit evangelischer Kirche für uns ist. Es ist die Frage, ob nach der Trennung von der päpstlichen und der weltlichen Autorität in der Kirche eine Autorität in der Kirche aufgerichtet werden kann, die allein vom Wort und Bekenntnis her begründet ist. Ist eine solche Autorität nicht möglich, dann ist die letzte Möglichkeit evangelischer Kirche vorbei; dann gibt es wirklich nur die Rückkehr nach Rom oder unter die Staatskirche oder den Weg in die Vereinzelung des ›Protestes‹ des echten Protestantismus gegen falsche Autoritäten. Es ist kein Zufall, sondern göttliche Notwendigkeit, dass es heute um die Autorität des echten Kirchenregimentes geht«*[6].

Mir ist bis heute nicht bekannt geworden, ob dieser Text mit seiner Frage nach der Autorität in der Kirche in der Bonhoefferforschung oder darüber hinaus in Kirche und Theologie aufgenommen und bedacht worden ist. Sowohl bei der Anfrage Schliers als auch bei der Frage Bonhoeffers »*handelte (es) sich offenkundig um eine höchst unzeitgemäße Erinnerung*«, vermutete Reinhard Hütter, der die Bonhoeffer-Frage 1997 aufgenommen hatte[7]. 2012 hat Roger Mielke in seiner Dissertation auf sie verwiesen[8].

3. In meinen Studium Anfang der 1960er Jahre »geriet« ich in Tübingen an den Theologen Hermann Diem. Bei ihm – damals einen der anerkanntesten Kierkegaard-Kenner – galt es in der Schule Kierkegaards zu lernen, dass es nicht um das Christentum, sondern um das *Christsein* gehe, das nicht einfach im Annehmen einer historischen, dogmatischen oder religionsphilosophischen Wahrheit bestehe, sondern in einer bestimmten Weise zu existieren: in der *Nachfolge Jesu*, die aber der bestehenden Christenheit

[5] Inzwischen in: Dietrich Bonhoeffer Werke = DBW, Bd. 6. Hg. von Jorgen Glenthoj, Ulrich Kabitz und Wolf Krötke. München 1996.
[6] A. a. O., 485 f. bzw. DBW Bd. 6, 66.
[7] Reinhard Hütter, Theologie als kirchliche Praktik. Zur Verhältnisbestimmung von Kirche, Lehre und Theologie. Gütersloh 1997. BevTh 117, 25 und 27, Anm. 30.
[8] »Eschatologische Öffentlichkeit. Öffentlichkeit der Kirche und Politische Theologie im Werk von Erik Peterson.« FSÖTh 134. Göttingen 2012, 190, Anm. 439.

abhandengekommen sei. Bei Diem bin ich erstmals mit der *»Frage nach der Autorität der Kirche«* konfrontiert worden, wie sie sich der evangelischen Kirche in der Auseinandersetzung mit den »Deutschen Christen« 1933 gestellt hatte[9]. Ich greife im Folgenden auf Diems Analysen dessen, worum es im Kern bei dem Kampf um das Kirchenregiment ging, kurz zurück

»ob es nicht in der evangelischen Kirche eine Autorität gibt, die dem Zugriff der außerkirchlichen Welt entzogen ist und kraft ihrer eigenen geistlichen Vollmacht Recht setzen kann«

Beim Einbruch der »Deutschen Christen« in die evangelische Kirche wurde offenbar, dass diese nach dem Ende des Staatskirchentums 1918 kein eigenes, ihrem Bekenntnis entsprechendes Recht entwickelt, sich vielmehr am Recht des Staates orientiert hatte[10]. Zwar sollte ihr Recht nicht dem Bekenntnis widersprechen. Doch seine formelle Gültigkeit wäre auch im Falle des Widerspruchs nicht aufgehoben[11]. So konnte die Kirchenpartei »Deutsche Christen« (DC) dank der nach 1918 demokratisierten Kirchenverfassungen bei den Kirchenwahlen am 23. Juli 1933 *legal* die Herrschaft erlangen, sie in den meisten Landeskirchen mit Hilfe des Staates mit Gewalt durchsetzen. Dabei waren diese Wahlen genau so wenig frei wie die staatlichen. Angesichts der durch diesen Einbruch der DC und des Staates entstandenen Wirren drängte sich die Frage auf, *»ob es nicht in der evangelischen Kirche eine Autorität gibt, die dem Zugriff der außerkirchlichen Welt entzogen ist und kraft ihrer eigenen geistlichen Vollmacht Recht setzen kann«*[12]. Die Antwort des Neuen Testaments und der reformatorischen Bekenntnisschriften: *»Die ›Kirchengewalt‹ steht weder den Gliedern der Kirche, dem ›Kirchenvolk‹ zu, noch irgend einem ›Führer‹ in der Kirche, sondern allein Jesus Christus, dem Herrn der Kirche«*[13]. Er übt seine Vollmacht und Autorität aus in der Glauben weckenden Verkündigung. Ihr hat alles Recht der Kirche zu dienen. Den »Deutschen Christen« gegenüber galt es nun, sich zur Autorität Jesu Christi zu *bekennen und dieses Bekenntnis zu vollziehen*. Das geschah auf der Bekenntnissynode am 31. Mai 1934 in Barmen mit der »Theologischen Erklärung zur gegenwärtigen Lage der Deutschen Evangelischen Kirche«. Erst mit ihr kam es zu einer *theologischen* Klärung der strittigen Frage nach dem Kirchenregiment[14] Es folgte am 19./20. Oktober die 2. Bekenntnissynode in Dahlem, auf der in Absage an das staatliche Führerprinzip ein

---

9 Vgl. Hermann Diem, Restauration oder Neuanfang in der Kirche? Stuttgart ²1947, 6 ff.

10 Zum kirchenrechtlichen Hintergrund Hermann Diem, Theologie als kirchliche Wissenschaft. Bd. 1. München 1951, 221 f.

11 Zu der damit gegebenen Problematik lese man Ernst Bizer, Ein Kampf um die Kirche. Der »Fall Schemp« nach den Akten erzählt. Tübingen 1965.

12 Diem, Restauration, a. a. O., 6.

13 Diem, ebd.

14 Vgl. Die Barmer Theologische Erklärung. Einführung und Dokumentation. Neukirchen 1983.

dem Bekenntnis und der 3. und 4. Barmer These *entsprechendes* »Notrecht« beschlossen wurde, mit dem der Dienst der unter einer DC-Kirchenleitung »illegal« gewordenen Gemeinden geordnet werden konnte[15].

4. Im Jahr 1972 hielt der damals prominente katholische Neutestamentler Otto Kuss Katholiken und Protestanten Folgendes warnend vor Augen: »*Der Prozess der um die rechte Auslegung etwa des Neuen Testaments sich mühenden Interpretation wird offensichtlich immer schwieriger, umständlicher, zeitraubender und mühsamer durchschaubar, und bei vielen Auslegungen, Entmythologisierungen, Umdeutungen, modern-allegorischen Rettungen gewinnt man den bestimmten Eindruck, dass sich damit zur Not zwar noch Leute helfen können, die eine aus glaubensstarken Zeiten überkommene Botschaft auf Grund mannigfacher Verpflichtungen, nach Möglichkeit die Treue halten wollen, dass aber keine Hoffnung mehr besteht, mit den Reliquien einer großen Überzeugung noch einmal missionarisch ›virulent‹ zu werden. Es ist wirklich Agonie*«[16]. In diesem Zitat schwingt die auch längst nicht mehr nur bei katholischen Exegeten anhaltende Skepsis mit, ob das protestantische Schriftprinzip und die Suche nach der Mitte der Schrift »*nicht de facto ein illusionäres Unternehmen*«[17] geworden seien?

5. Im Jahr 1997 publizierte der durch seinen großen Matthäus-Kommentar überkonfessionell beachtete evangelische Neutestamentler Ulrich Luz unter dem Titel »Was heißt ›Sola Scriptura‹ heute?« einen »Hilferuf für das protestantische Schriftprinzip«[18]. Eingedenk der wachsenden Zerfallenheit des »*auf die Schrift gegründete(n) Protestantismus [...] in zahllose Konfessionskirchen, Freikirchen, Bewegungen, Richtungen*«, stellt Luz einleitend fest: »*Für mich als Neutestamentler ist die Frage, ob es heute noch möglich ist, beim protestantischen Schriftprinzip zu bleiben, die schwierigste für meine evangelische Identität*«[19].

»Für mich als Neutestamentler ist die Frage, ob es heute noch möglich ist, beim protestantischen Schriftprinzip zu bleiben, die schwierigste für meine evangelische Identität«

[15] Vgl. Andreas Kersting, Kirchenordnung und Widerstand. Der Kampf um den Aufbau der Bekennenden Kirche der altpreußischen Union aufgrund des Dahlemer Notrechts von 1934–1937. München 1994. Karl Adolf Bauer (Hg.), Predigtamt ohne Pfarramt? Die »Illegalen« im Kirchenkampf. Mit einem Geleitwort von Eberhard Bethge. Neukirchen 1993. Ergänzend mit weiteren Aspekten vgl. Gerhard Gloeges Einführung in die Naumburger Erklärung: Von der Kirchengewalt von 1935 in. Gerhard Gloege, Heilsgeschehen und Welt. Theologische Traktate. Erster Band. Göttingen 1965, 231–283.

[16] Zit. nach P. Stuhlmacher, Vom Verstehen des Neuen Testaments. Eine Hermeneutik. NTD Ergänzungsreihe 6. 1979, 209.

[17] Stuhlmacher, ebd.

[18] EvTh 57/1997, 26–35.

[19] A. a. O., 28.

Luz will nach eigenem Bekunden nicht mehr »*an die ›äußere‹ Klarheit der Schrift, die eine recht relative ist*«, anknüpfen, »*als vielmehr an das, was Luther ihre ›innere‹ Klarheit und Calvin das ›innere Zeugnis des Geistes‹ nannten*«[20]; will sagen, wie Luz selber anmerkt: an »*eine die subjektive, in persönlicher Identifikation mit dem biblischen Text sich ereignende Gewissheit. Sie weist voraus auf unser neuzeitliches individuelles Verstehen*«[21]. Das hat aber zur Folge, wie Luz in Variation einer bekannten These Käsemanns formuliert, *dass der neutestamentliche Kanon »als solcher, d. h. in seiner dem Historiker zugänglichen Vorfindlichkeit, die Vielzahl der religiösen Individualitäten begründet«*[22]. Luz sieht die Abwege, die hier drohen können, falls die innere Klarheit nicht »*strikte an die Schrift als ihr Gegenüber gebunden bleibt und wenn das ›innere Zeugnis des Geistes‹ nichts anderes als die dem biblischen Wort selbst eigene Kraft meint, Menschen zu überzeugen*«.[23] Er fasst die Möglichkeit ins Auge, das Auslegende in religiöser Selbstbezüglichkeit die Schrift für ihre Interessen instrumentalisieren und sie nicht mehr als kritisches Gegenüber wirken lassen. Davon wird noch zu reden sein.

Der »Hilferuf« von Luz scheint allerdings Indiz einer noch tiefer gehenden Grundlagenkrise moderner evangelischer Theologie zu sein. Stimmen aus der Neutestamentlichen Exegese geben kund, dass von einer Ausrichtung evangelisch-theologischer Schriftauslegung am reformatorischen Konzept *Sola Scriptura* nicht mehr gesprochen werden könne. Denn »*im Verlauf des 19. Jahrhunderts wurde das reformatorische Konzept der scriptura durch das Konzept der Entwicklungsgeschichte ersetzt: aus sola scriptura wird sola historia. […] Sola scriptura wird von den Vertreterinnen und Vertretern historisch-kritischer Exegese längst nicht mehr als wissenschaftliche Leithypothese, sondern eher als dogmatische Behinderung wissenschaftlicher Freiheit empfunden*«. Von einer durch die Wirksamkeit der reformatorischen Konzeption *sola criptura* bis heute ermöglichten gemeinsamen Orientierung Evangelisch-theologischer Schriftauslegung könne heute nicht mehr gesprochen werden[24]. Kurz gesagt: Das evangelische Schriftprinzip ist in eine tiefe Krise geraten. Doch damit noch nicht genug: »*Es ist heute fraglich, welchen Ort, welches Recht und welchen Nutzen die Exegese im Rahmen der Theologie besitzt. Kaum fraglich ist, dass solche fachliche Irrelevanz ursächlich mit der von ihr bevorzugten Methode der historischen*

Kurz gesagt: Das evangelische Schriftprinzip ist in eine tiefe Krise geraten.

[20] A. a. O., 33.
[21] Luz, ebd.
[22] A. a. O., 32.
[23] A. a. O., 34.
[24] So Stefan Alkier in: Sola Scriptura. Rekonstruktionen-Kritiken-Transformationen-Performanzen. Hg. von Stefan Alkier u. a. Tübingen 2019, 430 f.

Foto: Rolf Gerlach

Kritik zusammenhängt.« Das heißt: »*Historische Kritik ist keine theologische Schriftauslegung«*[25]. Wie aber müsste sich die Exegese wandeln, um *theologisch* relevant zu werden? Etwa indem »historische« und »pneumatische« Schriftauslegung in ein Verhältnis zueinander gebracht werden »*im Sinne eines dialektischen Zusammenhangs, in dem beide Weisen der Auslegung sich wechselseitig gerade in ihrer Gegensätzlichkeit herausfordern«*[26]*?* Klärungen im Blick auf Stellung und Gewicht der Schriftauslegung stehen – konfessionsübergreifend – jedenfalls an. Die Diskussion ist im Gange[27]! Weitere Fragen schließen sich an: Was heißt »schriftgemäß«? Welche Rolle spielen Dogma oder Bekenntnis im Vollzug der Schriftauslegung? Was bedeutet diese Krise der Exegese für die Praxis schriftbezogener Predigt? Wie wird sie sich in der Ausbildung der Pfarrerinnen und Pfarrer auswirken? Mit diesen Fragen ist das Fundament evangelischen Kircheseins tangiert.

25 Knut Backhaus, Aufgegeben? Historische Kritik als Kaptitulation und Theologie. ZThK 114,2017, 260–288, 260f.

26 Johannes von Lüpke, Gedächtnis der Kirche. Leipzig 2020, 152 unter Verweis auf Bonhoeffer. Dieser Vorschlag müsste allerdings zu Folge haben, dass sich die dem Typos der »scholastischen« Theologie zugehörige akademische Theologie für Vollzüge »monastischer« Theologie öffnet!

27 Vgl. Sola Scriptura. Die Heilige Schrift als heiligende Schrift. Beiheft zur ÖR Bd. 116. Leipzig 2017; Themenheft Sola Scriptura. ZNT 39/40, 2017; Friedemann Stenger, Sola Scriptura im Kontext. Forum ThLZ Bd. 32. Leipzig 2016. Sola Scriptura ökumenisch. Beiheft zur ÖR Bd. 125. Leipzig 2021.

6. Als E. Peterson 1928 in einem Briefwechsel mit Adolf von Harnack diesen kritisch auf das seit dem Ende des Staatskirchentum 1919 virulent gewordene *Autoritätsproblem in der evangelischen Kirche* ansprach, hielt der Angeschriebene ihm entgegen: »*der Absolutismus hat nur im lebendigen Gemüt* (!) *eine Stelle*«[28]. Damit hatte Harnack sich (unbewusst?) in die von Luther aufgemachte Alternative zwischen individueller und institutioneller Schriftauslegung begeben und sich für die religiöse Individualität entschieden. Getreu dieser Entscheidung zog er im Blick auf eine mögliche Zukunft des Protestantismus die Konsequenz: »*begrüßen kann ich nur die Entwicklung, die immer mehr zum Independentismus und der reinen Gesinnungsgemeinschaft im Sinne – ich scheu mich nicht – des Quäkertums und des Kongregationalismus führt*«[29]. Diese von Harnack begrüßte Entwicklung ist, wenn man die Augen nicht verschließt, weltweit und unter uns in vollem Gange. Laut religionssoziologischer Auskunft sollen es inzwischen mehr als 45.000 Kirchen und Kirchlein sein[30], die größtenteils der Protestantismus hervorgebracht hat und die inzwischen zahlenmäßig die Mitgliederzahl der »klassischen« reformatorischen Kirchen überholt haben! In der Tat: Die Vielzahl der religiösen Individualitäten, auf deren Konstitution Luz die Auslegung des neutestamentlichen Kanons hinführen sieht, bereitet den Boden zur Bildung religiöser Gruppen und Kreise, in denen sich gleichgesinnte und gleichgestimmte religiöse Individualitäten zusammenfinden. Dieser Prozess religiöser Pluralisierung setzt sich fort. Einstweilen mag er in Deutschland noch durch die landeskirchliche Organisation in Schranken gehalten sein – doch wie lange noch? Kurz gesagt: Die evangelische Kirche scheint zu einer »undeutlichen« Kirche geworden zu sein, die »*in der Gefahr steht, das Fremde am Evangelium zu verdrängen*«[31]. Ihre Grenzen zum religiösen Markt der Möglichkeiten und zu gesellschaftlichen Trends sind an vielen Stellen gefährlich offen, sodass der Slogan »Kirche der Freiheit« eher mit »Kirche der Beliebigkeit« assoziiert wird. »*Das Elend der evangelischen Kirche ist ihr grenzenloses Verständnis für alles, jedes und auch noch die letzte Sünde: Indifferenz getarnt als Toleranz*«[32]. Bei Gerhard Sauter ist zu lesen: »*Die Kirche ist undeutlich geworden und ihre Einheit zutiefst gefährdet, weil die Frage nach ihrer Deutlichkeit selber unklar geworden*

Kurz gesagt: Die evangelische Kirche scheint zu einer »undeutlichen« Kirche geworden zu sein, die »in der Gefahr steht, das Fremde am Evangelium zu verdrängen«.

[28] Erik Peterson, Briefwechsel mit Adolf Harnack und ein Epilog, in: Erik Peterson, Ausgewählte Schriften Bd. 1: Theologische Traktate. Hg. von Barbara Nichtweiß. Würzburg 1994, 175–194, 184.

[29] A. a. O., 183 f. Hervorhebung von Harnack.

[30] Diese Zahl erfährt man, wenn man über »Google« die Frage eingibt: Wieviel Kirchen gibt es im Christentum?

[31] Fulbert Steffensky, Die Träume gehen verloren. JK 18/1994, 386–388, 386).

[32] So der den Kirchen gewogene Journalist Patrick Schwarz in der ZEIT vom 6. Mai 2010, 14.

ist«[33]. Woraufhin will die Kirche wahrgenommen werden? Deutlich wird die Kirche als *Kirche* und nicht nur als religiöser Player unter anderen mit dem, was ihr anvertraut worden ist: »*als predigende und betende Kirche*«[34].

Klarer und weitschauender als Harnack erkannte Peterson, dass eine evangelische Kirche, die sich nicht der Frage nach der Autorität in ihr aussetzt, diese vielmehr an die Deutungsaktivität religiöser Individualitäten »abtritt« und sich so weiter pluralisiert und individualisiert, ihre Bedeutung in der Gesellschaft mehr und mehr verlieren und ihre öffentliche Wirksamkeit einbüßen wird. (In den Niederlanden und in der Schweiz scheint dieser Verlust an Bedeutung und Wirksamkeit bereits weiter fortgeschritten zu sein als bei uns). Nicht nur Peterson und später Heinrich Schlier, sondern eben auch Bonhoeffer meinten im Kirchenkampf und seinen Wirren die Auswirkung der ungelösten Frage nach der Autorität in der evangelischen Kirche sehen zu müssen.

7. Sehe ich recht, dann hat sich mittlerweile sowohl innerhalb der Theologie als auch in der Verkündigung die Orientierung an der religiösen Individualität in einem Maße ausgebreitet, die Bonhoeffers Frage nach der Autorität in der Kirche und nach der Möglichkeit evangelischer Kirche unabweisbar macht. Will die evangelische Kirche sich selbst ernst nehmen und in der Ökumene ernst genommen werden, dann muss sie Antwort geben auf die Frage: *Was gilt in der evangelischen Kirche?* Kann man diese Frage einfach dem freien Spiel der Kräfte überlassen, wie es faktisch vielfach geschieht? Meinte die evangelische Kirche in Deutschland im Ernst, das 500-jährige Reformationsjubiläum feiern zu können, ohne sich der Frage nach ihrer *Schrifttreue* zu stellen, mit der ja ihre eigene Identität und das Recht ihrer weiteren Existenz verknüpft ist? Ein seit Langem bis heute in Sachen Ökumene engagierter Trierer Benediktiner warf die Frage auf, ob die evangelische Kirche heute noch bei Luther und Calvin stehe. Man musste in den letzten Jahrzehnten den Eindruck gewinnen, dass in der Theologie und dann auch in Verkündigung, Unterricht und Seelsorge zunehmend »neuprotestantische« Positionen Raum gewinnen, die – entgegen den Zeugnissen der Reformatoren – einen »subjektivistischen und leeren Glauben hochhalten«, den sie – als »Erbe der Reformation« ausgeben[35]. Für diese Positionen hat sich die Frage »Sola scriptura – heute?« offensichtlich erübrigt.

Ein seit langem bis heute in Sachen Ökumene engagierter Trierer Benediktiner warf die Frage auf, ob die evangelische Kirche heute noch bei Luther und Calvin stehe.

[33] Gerhard Sauter, Evangelische Theologie an der Jahrtausendschwelle. ThLZ. H. 4. 2002, 91.
[34] Sauter, a. a. O., 92 f.
[35] M. Welker, Selbst-Säkularisierung und Selbst- Banalisierung, in: Brennpunkt Gemeinde. 1/2001, 15–21. 17.

8. Dass es in der evangelischen Kirche eine Vielfalt an Ausdrucksweisen des Glaubens und Lebens gibt, ist nicht zu übersehen. Wie jedoch ist damit umzugehen? Eine quasi »amtliche« Antwort gibt das Kirchenamt der EKD mit einer »im Auftrag des Rates der Ev. Kirche in Deutschland« herausgegeben »Studie zum Weg der Kirche« unter dem Titel »Christsein gestalten«[36]. Die angesprochene Vielfalt gilt der Studie zufolge als Resultat evangelischer Freiheit (46). Vertreterinnen und Vertreter unterschiedlicher Frömmigkeitsstile, Konservative und Reformer, Kirchennnahe und -ferne repräsentieren je auf ihre Weise den »Binnenpluralismus« der Kirche (80), aus deren jeweiligen Positionen auch Spannungen erwachsen. »Wie eine Volkspartei muss auch eine Volkskirche ein breites Spektrum umspannen und diese Spannung aushalten.« (80) Diese Spannungen erzeugen »einen Druck zur Einigung« (80). Spannend wird es nun, wie laut Studie diese Einigung sich vollziehen soll. Einen Weg aus dieser Vielfalt »zurück in eine bergende Einheit« (46) gibt es nicht mehr. Und einen »absoluten Stanndpunkt ›außerhalb‹« (46), von dem aus man die verschiedenen Positionen relativieren könnte, gibt es auch nicht. »Ob und inwiefern sich dabei auch Glaube realisiert, entzieht sich menschlicher Beurteilung« (46). Denn jeder »Versuch, den Glauben zu objektivieren, wird ihn verfehlen. Im Kern ist der Glaube nur eine unmittelbare Christusbeziehung, die sich menschlichen Maßstäben und menschlicher Beurteilung entzieht« (45). Das bedeutet, »dass wir uns von unseren relativen, subjektiven Standpunkten aus miteinander auseinandersetzen müssen um der absoluten Wahrheit willen, die in Jesus Christus – unverfügbar – liegt« (ebd.). Wie kann das geschehen? »Wenn aber keiner über die Wahrheit verfügt, ist damit zu rechnen, dass jeder nur ein Stück von ihr vertritt. Es geht dann nicht so sehr um Bestreitung von Unwahrheit als um Zusammentragen der Stücke, der *particula veri*, um die Versöhnung von Wahrheitselementen, wie sie unterschiedliche Menschen in verschiedenen Lebenszusammenhängen entdecken und vertreten« (47). Das gelte entsprechend auch für die Vermittlung unterschiedlicher Auffassungen des Evangeliums. Doch: Woran ist zu erkennen, dass in den »Stücken« und »particula« Stücke und Elemente der *Wahrheit* vorliegen? Welche *Kriterien* gibt es, das zu bestimmen? Und welche Kriterien gibt es, Unwahrheit und Lüge fernzuhalten? »Wenn es aber der Studie zufolge keine klaren bewährbaren Kriterien gäbe, wie ließen sich dann die je ›vertretenen Wahrheitselemente‹ miteinander ins Spiel bringen? Wie kann sichergestellt werden, dass es sich um eine gemeinsame Wahrheit

[36] Christsein gestalten. Gütersloh 1986. Zitate aus dieser Studie werden im Text mit Angabe der Seitenzahl nachgewiesen.

(»der alle verpflichtet sind« – 13) handelt?[37] Man denke an die Wirren, die 1933 in der evangelischen Kirche ausgebrochen waren. Wie sollte die »Versöhnung von Wahrheitselementen« sich vollziehen zwischen deutschen Christen, Gliedern der Bekennenden Kirche, Neutralen?! Dank des Vertrauens auf die Autorität Jesu Christi, wie sie die 1. Barmer These formuliert hat, kam es nicht zu einer Versöhnung von Wahrheit und Irrlehre, sondern zur *»Unterscheidung der Geister«* (1Kor 12,10) und den daraus resultierenden Folgen. Die sich pluralistisch verstehende Volkskirche will keine Position und keine Person ausgrenzen. »Sie will die unterschiedlichsten religiösen, politischen, moralischen Einstellungen unter ihren Mitgliedern tolerieren«[38]. Sie will Konflikte vermeiden – und doch: »Die Vielfalt der Volkskirche bedingt Konflikte. Es geht nicht immer um die Wahrheit« (81). Konflikte drohen nach Einschätzung der Studie dort, wo ihre Konzeption der »Versöhnung von Wahrheitselementen« unter Berufung auf die Wahrheit Jesu Christi in Frage gestellt wird. Allen kirchlichen Gruppen und Kreisen, die das tun, wird *autoritäre* Einstellung unterstellt (74). Das treffe, so die Studie, »auf verschiedene Spielarten erwecklicher Aktivitäten, wie auf gesellschaftsdiakonisch-politisch ausgerichtete Leitvorstellungen von der Kirche als Avantgarde, Vorhut oder Stoßtrupp für eine gerechtere und friedlichere Welt zu« (74). Es ist »erstaunlich, dass in einer Studie, die so weltoffen sein will, ausgerechnet jene Mitglieder diffamiert werden, die ihr Christsein ernsthaft gestalten wollen«[39]. Wie kommt es zu dieser Ausgrenzung? Für die Glieder der ausgegrenzten Gruppen ist der Glaube kein »Numinosum«. Er lässt sich nicht in eine undeutliche und beliebige »Unmittelbarkeit« hinein auflösen, die sich menschlichem und theologischem Verstehen entzieht, sondern der Glaube ist an Jesus Christus und das Evangelium gebunden! Und über diese *Bindung* vermag er Rechenschaft zu geben. Gegen Versuche, in Lehre und Leben konkret und nicht nur im Bewusstsein (vgl. 41) zu Glaubensentscheidungen zu kommen, »setzt die Volkskirche das von der Gesellschaft übernommene Modell eines breit gefächerten Pluralismus«[40]. Die vor 40 Jahren erschiene Studie hat trotz ihr widerfahrener Kritik ihre Wirkung nicht verloren. Mit der theologisch fahrlässigen These, Glaube sei nicht definierbar (vgl. 45) hat sie einem Relativismus in Verkündigung Lehre und Leben Vorschub geleistet. So ist bis heute »unklar, welchen Rang

Dank des Vertrauens auf die Autorität Jesu Christi, wie sie die 1. Barmer These formuliert hat, kam es nicht zu einer Versöhnung von Wahrheit und Irrlehre, sondern zur »Unterscheidugn der Geister«.

[37] Michael Welker, Kirche ohne Kurs? Aus Anlaß der EKD-Studie »Christsein gestalten«. Neukirchen 1986, 65 f.

[38] Manfred Josuttis, »Unsere Volkskirche« und die Gemeinde der Heiligen. Erinnerungen an die Zukunft der Kirche. Gütersloh 1997, 154.

[39] Josuttis, a.a.O., 154.

[40] Josuttis, a.a.O., 153.

verbindlicher Lehre in der evangelischen Theologie (sc. und Kirche) überhaupt hat«[41].

Einen anderen Weg, mit dem innerkirchlichen Pluralismus umzugehen hat seinerzeit Peter Beier, der 1989 zum Präses der Ev. Kirche im Rheinland gewählt worden war, eingeschlagen. Beier hielt es 1990, ein Jahr nach seinem Amtsantritt als Präses der Ev. Kirche im Rheinland, angesichts des »Spektrums von Irrungen und Wirrungen in Theologie und Praxis unserer Kirche«, das ihm in seinem ersten Amtsjahr aufgefallen war, für geboten, die Frage zu stellen: »Evangelisch sein – Was heißt das? Was ist das Besondere, Unverwechselbare im Profil evangelischer Kirche?« Er entfaltete dann in Kürze von Jesus Christus, dem einen Wort Gottes her, die Rechtfertigungsbotschaft in soteriologischer und ekklesiologischer Hinsicht als das uns gegebene »ursprüngliche, gemeinsame Grundmaß«. Sein Vorschlag an die Landessynode im Januar 1990: Es »scheint mir ratsam, das Problem des reformatorischen Maßes zum Generalthema einer künftigen Synode zu machen mit dem Ziel einer Konsensüberprüfung und Konsensbemühung. Ich bitte die Hohe Synode um eine Stellungnahme.« Mit diesem Vorschlag hatte der Präses eine genuine Aufgabe kirchenleitenden Handels angesprochen. Die Hohe Synode überging diesen Vorschlag ihres Präses[42]. In der der Synodaltagung folgenden Superintendentenkonferenz zeigte sich, dass der Wille, sich der Frage nach dem reformatorischen Maß zu stellen, nicht vorhanden war – an der Tagung der Synode und der Superintendentenkonferenz habe ich selbst teilgenommen. Drei Hinweise zur Erläuterung seien gegeben: 1. Beier differenzierte zwischen *Pluralismus* und *Pluralität*. »Kirchlicher Pluralismus der dem gesellschaftlichen korrespondiert, macht Sinn, solange Pluralität positiv evangelische Vielfalt meint.« Ist sie das aber nicht, wird der Rückverweis auf das ursprünglich gemeinsame Grundmaß »verschoben oder verweigert, findet keine gemeinsame Anstrengung mehr statt, sich im Konsensverfahren des Grundmaßes erneut zu vergewissern, erst dann trifft uns der Satz mit Wucht: Das rechte Maß, vermutlich, ging verloren.« Ich behaupte nicht, wir hätten diesen Zustand des Schreckens schon erreicht, aber sein Schatten liegt auf uns« (53). Beier hat die Gestalten des kirchlichen Pluralismus der *Prüfung am reformatorischen Grundmaß«* unterworfen. 2. Beier hat an das reformatorische Maß erinnert unter Berufung auf Artikel IV. des Augsburger Bekenntnisses und auf die 1. und 3. Barmer These. Auf diese Weise hat er den fundamentalen Christusbezug des Rechtfertigungsgeschehens, den schon der »alte« und nun auch der »neue« Neuprotestantis-

»Kirchlicher Pluralismus der dem gesellschaftlichen korrespondiert, macht Sinn, solange Pluralität positiv evangelische Vielfalt meint.«

[41] Gerhard Sauter, VuF 50/2005, 104.
[42] Zitate nach: P. Beier, Kirche ist anders. Neukirchen 1990, 51 ff.; die Zitate im Text 52 f.

mus unterbestimmt hatte und unterbestimmt, herausgestellt. Und indem er die 3. Barmer These einbezog, hat er indirekt gegen eine verbreitete protestantische Tradition in Erinnerung gerufen, dass im evangelischen Christsein das *persönliche* und *gemeinschaftliche* Gottesverhältnis *gleichursprünglich* zusammengehören[43].

3. Beier hat eine Konsensbildung angestrebt. Ein Konsens mutet Schritte zu, sich auf das Handeln Gottes als Grundlage der Übereinstimmung einzulassen. Er ist immer auch »eine Zumutung an alle Beteiligten [...] Er ruft sie heraus aus ihren Gewohnheiten hin zur Wahrheit, die Menschen von ihrer Befangenheit im Persönlichen befreit und sie in einer Wirklichkeit vereint, wo sie ihrer selbst neu ansichtig werden«[44]. Sauter hält die »Konstitution des Consensus« für »das protestantische Äquivalent zum katholischen Lehramt«[45]. Ein Konsens ist nicht das Ergebnis einer Abstimmung nach dem Mehrheitsprinzip. Er *stellt sich ein* als das Ergebnis eines intensiven Pozesses des Hörens, des geduldigen und achtsamen *Gespräches*, begleitet vom *Gebet* um die Gegenwart des Heiligen Geistes. Die Landessynode der Ev. Kirche im Rheinland hat damals die Zumutung einer Konsensbildung abgelehnt. Es kommt darauf an, dass eine Synode sich *offen* hält, für das eigentliche Kirchenregiment, das Christus allein in Händen hält. Rückblickend mag man sagen, dass Beier damals mit seinem Vorschlag »einer Konsensüberprüfung und Konsensbemühung«[46] hinsichtlich des reformatorischen Maßes einen Schritt gewagt hat, mit dem er Bonhoeffers Anliegen, eine von Wort und Bekenntnis begründete Autorität in der evangelischen Kirche zu gewinnen, einen Schritt entgegengekommen wäre.

Ein Konsens ist nicht das Ergebnis eine Abstimmung nach dem Mehrheitsprinzip.

9. »Was wird aus einer Schriftreligion wie dem Christentum, wenn in ihr alle Objektivität in Interpretationen von Interpretationen von Interpretationen etc. verschwunden ist und sich in ein reines Sinngebilde ohne historische Bodenhaftung aufgelöst hat? Was in ihren Texten könnte man noch wörtlich nehmen? Ich denke, ein theologisch aufgeklärter Zeitgenosse vermag im Gottesdienst das Credo nur dann aus Überzeugung mitzusprechen, wenn er gleichzeitig in seinem ›Inneren‹ einen komplizierten Begleitkommentar ablaufen lässt, der das alles im Einzelnen erläutert, aber viel mehr Zeit beansprucht als der zu rezitierende Text. Da stellt sich mir die Frage:

---

[43] Vgl. dazu Karl Holl, Luther als Erneuerer des christlichen Gemeinschaftsgedankens, in: Ders., Kleine Schriften.Tübingen 1966, 62–66. Karl Adolf Bauer, Gemeinschaft der Heiligen – Kommunismus der Liebe. Leben aus dem Abendmahl bei Luther. Neuendettelsau 2016, 92–97.

[44] Gerhard Sauter, Zugänge zur Dogmatik. UTB 2064. Göttingen 1998, 222.

[45] Ders., Art. Consensus. TRE 8. Berlin 1981, 182–189, 186.

[46] Beier, a. a. O., 59.

Kann man in der modernen Kultur überhaupt Christ sein ohne Theologie studiert zu haben? Und wenn man nicht Theologie studiert hat, lebt man dann als Christ nicht in der Prämoderne? [...] Die katholische Kirche hat sich in diesem Feld bisher als ziemlich immun erwiesen, aber der Preis dafür ist ein Grad innerkirchlicher Disziplin, den viele von uns nicht aufbringen könnten. Aber was wird aus dem Protestantismus? Es scheint so, als ließe ihn sein modernes Prinzip der persönlichen Freiheit im Glauben wehrlos werden gegenüber den Versuchungen einer völlig individualisierten, von allen institutionellen und kritischen Zumutungen entlasteten Religiosität, der in der globalen Marktökonomie die Kommerzialisierung aller Glaubensgüter auf dem Fuße folgt. Ich denke, dies bedeutete das Ende des Protestantismus als einer ernst zu nehmenden Stimme im kulturellen Diskurs«[47].

10. In Carl Friedrich von Weizsäckers Aufsatz »Kirchenlehre und Weltverständnis, lese ich[48]: »Die Aufklärung wehrt sich mit Leidenschaft gegen das *servum arbitrium.* Sie will ein besseres Gesetz und kein Evangelium. So hat in der späteren Neuzeit der Kern christlicher Wahrheit überhaupt keinen Sprecher, der das moderne Bewusstsein erreicht: die Aufklärung nicht, weil sie den Kern verwirft, die Kirche nicht, die defensiv das Pfund vergräbt« (a. a. O., 144). Hans Joachim Iwand hat in seiner »Theologische(n) Einführung« in Luthers Schrift »Vom unfreien Willen«[49] und auch an anderen Stellen dargetan, dass Luthers Rechtfertigungslehre und die Lehre vom *servum arbitrium* zusammengehören – das eine nicht ohne das andere! Wenn dem so ist, dann wäre damit – von Weizsäcker gemäß – der *Kern der christlichen Wahrheit* angesprochen. Wer aber tritt für ihn ein? In seinem Aufsatz »Der Kampf um das Erbe der Reformation«[50] hat Iwand – unter deutlicher Bezugnahme auf Luthers Kontroverse mit Erasmus (vgl. a. a. O., 141 f.) – die Frage gestellt, ob der Protestantismus »sich dieses Erbes wert erweisen« werde? Anders gesagt: Wird er nicht auch, wie schon gar oft geschehen, dieses Pfund der christlichen Wahrheit vergraben, das offenbar Erbe der Reformation« (a. a. O., 143) ist? Iwand sah damals 1932, als er diesen Aufsatz

[47] So Herbert Schnädelbach, Religion in der modernen Kultur:http://www.information-philosophie.de/?a=1&t=3595&n=2&y=4&c=85&o=5 (Zugriff 15.11. 2011). Schnädelbach zählt sich selbst zu den »frommen Atheisten«, die – wie Martin Walser – noch fragen, was geschieht, wenn Gott fehlt bzw. wer oder was besetzt die »Leerstelle«, die durch die Absage an Gott entsteht.

[48] in: Ders., Deutlichkeit. Beiträge zu politischen und religiösen Gegenwartsfragen. 1978, 137–153.

[49] Münchener Lutherausgabe. Ergänzungsreihe Bd. 1., ^{3}1962, 253 ff.

[50] in: Hans Joachim Iwand. Glaubensgerechtigkeit. Lutherstudien. Hg. v. Gerhard Sauter. ThB 64, ^{2}1991, 126–144.

schrieb, im Eintreten für diesen Kern »die Schicksalsfrage des Protestantismus«. Diese seine Frage dürfte nichts an Gewicht verloren haben – im Gegenteil! In seiner schon genannten »Theologischen Einführung« zu Luthers Schrift *De servo arbitrio* (a.a.O., 253) liest man: »Wer diese Schrift nicht aus der Hand legt mit der Erkenntnis, dass die evangelische Theologie mit dieser Lehre vom unfreien Willen steht und fällt, der hat sie umsonst gelesen [...] Es ist besser, wir wissen, wo die Distanz zwischen Luther und der sich nach ihm nennenden Theologie und Kirche klafft, es ist besser, wir sehen den Graben zwischen ihm und dem, was aus dem Protestantismus im Laufe der Zeit geworden ist (!), als dass wir mit Umdeutungen und Abmilderungen diesen Luther, den echten, schon seiner Zeit so fremden und unbegreiflichen Luther, uns erträglich und verständlich zu machen suchen«. Wenn aber der Protestantismus nicht mehr die Kraft hat, für den Kern der christlichen Wahrheit einzutreten – wer wird dann dafür eintreten? Der Katholizismus? Einzelne Theologen und Theologinnen innerhalb und außerhalb des Protestantismus? Kann aber der Kern der christlichen Wahrheit vertreten werden, ohne dass eine *Gemeinde* im Glauben sich zu ihr bekennt, sich von ihr tragen lässt und sie bezeugt? Was wird es für »das moderne Bewusstsein« bedeuten, wenn der Kern der christlichen Wahrheit keinen Sprecher mehr findet?

Es ist besser, wir wissen, wo die Distanz zwischen Luther und der sich nach ihm nennenden Theologie und Kirche klafft [...]

Dem Band »Luthers Theologie«, mit dem J. Haar Vorlesungen Hans Joachim Iwands über Luthers Theologie aus dessen Zeit in Göttingen und Bonn zusammengestellt hat[51], ist zu entnehmen, dass Iwand im Unterschied zu anderen Luther-Darstellungen davon ausgehe, »dass wir am Ende des Protestantismus angekommen sind«[52]. Das zeige sich (1) im Aufkommen der Theodizee-Frage, die bei Luther zwar vorhanden ist, aber sein Denken nicht bestimmt habe; (2) im Aufkommen der Gesinnungsethik, die »einen protestantischen Typ erzogen« hat, der eigentlich auf dem Wege »zurück ins Mittelalter« ist[53]; (3) im *falschen* Ansatz beim Existenzverständnis, das einem wirklichen Verständnis von Luthers Theologie im Wege stehe[54]; (4) im »Ende des protestantischen Menschen« bei Freud und Nietzsche, »der nicht mehr in Christus bleibt und geblieben ist, sondern der in seinem ›Gewissen‹ sein neues Sein, sein neues Selbstverständnis gefunden hat«[55]. Im Blick auf die »Deutschen Christen« hatte Iwand bereits

[51] Hans Joachim Iwand, Nachgelassene Werke. Bd. 5. München 1974.
[52] So Karl Gerhard Steck in seiner Einleitung zu dem gen. Bd. 5, a.a.O., 16.
[53] A.a.O., 135f.
[54] A.a.O., 105f.
[55] A.a.O., 184.

am 9. Sept. 1933 an seinen Lehrer Rudolf Hermann geschrieben: »Der Protestantismus wird die Säkularisierung des Christentums bis zur natürlichen Religion fortführen […]«[56].

11. Iwand sprach in seiner Einführung zu Luthers *De servo arbitrio* von dem »Graben«, der sich zwischen Luther und dem heutigen Protestantismus herausgebildet hat. Er spielt damit auf den im 18. Jahrhunder geschehenen geistigen Umbruch an, der mehrheitlich als notwendige und irreversible Transforamtion beurteilt und gerechtfertigt wird[57]. Dieser Umbruch wird heute nur noch von einer Minderheit in seiner *Problematik* wahrgenommen und *in der Bereitschaft zum Konflikt mit dem Geist der Zeit kritisch bedacht.* Emmanuel Hirsch hat in ihm ein »ehernes Schicksal« gesehen, dem man sich aus innerer Wahrhaftigkeit heraus gewissenhaft zu beugen habe, um das christliche Denken in eine dem modernen Wahrheitsbewusstsein zugängliche und in eine mit ihm versöhnte Gestalt zu fassen[58]. Mit diesem Umbruch vollziehen sich faktisch zwei Revolutionen: 1. Die Umwandlung des biblisch-reformatorischen Geschichtsverständnisses im Zeichen des neuzeitlichen Fortschrittsglaubens: Subjekt der Geschichte ist allein der Mensch, dem nun die Veränderung und Verbesserung der Welt aufgetragen ist. Im Gefolge dieser Umwandlung kam es zu einer Ethisierung des Christentums, die im Protestantismus v. a. an Kant orientiert war. 2. Die Umwandlung der Anthropologie: Der Mensch, als *creator sui* verstanden, ist zuvörderst *Täter,* der sich in seinen Leistungen selbst verwirklicht und als »Meister und Besitzer der Natur«(Descartes) zur Weltgestaltung berufen ist. Er sei im Grunde gut, wenn böse, dann bedingt durch die gesellschaftlichen Verhältnisse, die es darum zu verändern gelte. Seitdem hat das biblische Sünden- und Gerichtsverständnis seine breite Geltung verloren und ein »Graben« zur Reformation und zum christlichen Glauben überhaupt hat sich aufgetan[59].

Die Umwandlung des biblisch-reformatorischen Geschichtsverständnisses im Zeichen des neuzeitlichen Fortschrittsglaubens: Subjekt der Geschichte ist allein der Mensch […]

[56] Nachgelassene Werke. Bd. 6, 252. Vgl. die These von Klaus Harms anläßlich des Reformationsjubiläums 1817: »Mit der Idee einer fortschreitenden Reformation […] reformiert man das Luthertum ins Heidentum und das Christentum aus der Welt hinaus«. Zit. nach Gyula Barczay, Ecclesia semper reformanda. Eine Untersuchung zum Kirchenbegriff des 19. Jahrhunderts. Zürich 1961, 132.

[57] Auf ihn hat O. Bayer, Vernunft und Vertrauen. Theol. Bibliothek Töpelmann Bd. 200. Berlin 2023, 99 ff. nochmals aufmerksam gemacht. Auf seine Darstellung greife ich im Folgenden v. a. zurück.

[58] ders., Die Umformung des christlichen Denkens in der Neuzeit. Ein Lesebuch. 1938. Nachdruck 1985, 174.

[59] Im Streit steht bis heute das Verhältnis des aus dem angesprochenen Umbruch hervorgegangenen Neuprotestantismus. Dazu ausführlicher Bayer, a. a. O., 443. Lesenswert auch noch immer Friedrich Gogarten, Protestantismus und Wirklichkeit. In: Jürgen Moltmann, Anfänge der dialektischen Theologie. Teil 2. TB Bd. 17. München 1923, 191–218.

Von noch grundsätzlicherer Bedeutung ist die sog. »anthropologische Wende«, die den *hermeneutischen* Horizont völlig verändert hat. Indiz dafür ist das Zurücktreten des Begriffes »Theologie«, der die Aufmerksamkeit auf Gott und sein Wort richtet, zugunsten des Begriffes »Religion«, der in seiner neuen Bedeutung zur Bezeichnung für eine bestimmte Qualifizierung menschlichen Selbstbewusstseins wird. Leitend wird dann bei der Schriftauslegung nicht mehr die Frage nach dem *deus dicens*, sondern zuerst nach dem – wenn auch nur gleichsam im *passivum divinum*, auf den *deus dicens* verweisenden – *homo recipiens*. Damit setzt sich diese Theologie im Rahmen dieser anthropologischen Wende der Kritik Luthers an den Schwärmern aus: *»definiunt verbum secundum dicentem Deum, sed secundum recipientem hominem«*[60]. Gefragt ist nach dem unmittelbaren religiösen Selbstbewusstsein. In diesem »neuprotestantischen« Umbruch wird die Tendenz neuzeitlicher Subjektivität bestimmend, auch noch ihre Vorgabe in sich selbst hineinzunehmen oder sie immer schon in sich – und sei es im Gefühl schlechthinniger Abhängigkeit – vorzufinden. Dieser Ausgang beim *homo recipiens* führt dazu, die Gottesbeziehung der Selbstbeziehung ein- und unterzuordnen. Dabei wird das *verbum externum* »durch das Nadelöhr der Subjektivität gezogen, das Widerständiges nicht passieren lässt«[61]. Dagegen richtete sich der Protest der sog. Dialektischen Theologie ebenso wie der einzelner Vertreter der sog. Lutherrenaissance nach dem 1. Weltkrieg. Gleichwohl hat sich erneut ein »Neuprotestantismus« zu Wort gemeldet, ohne das bis jetzt erkennbar ist, dass er sich der Kritik der am Wort Gottes ausgerichteten Theologie wirklich ausgesetzt hätte. Die dezidierte Verlagerung auf das religiöse Subjekt, die zudem durch den Inividualisierungsschub der Neuzeit noch verschärft wird, tendiert m. E. dazu, die von Luther und Calvin vertretene *Gleichursprünglichkeit* des individuellen und gemeinschaftlichen Gottesverhältnisses zu verkennen. Damit entfernen sich im Begriff »Protestantismus« zwei Größen abermals voneinander, die die Reformation zusammengedacht hat: Kirche und Individuum. Die dritte Barmer These »Die christliche Kirche ist die Gemeinde von Brüdern (sc. und Schwestern), in der Jesus Christus in Wort und Sakrament durch den Heiligen Geist als der Herr gegenwärtig handelt [...]« gehört wohl zu den Bekenntnisgrundlagen evangelischer Kirche, hat sich aber im Bewusstsein vieler Glieder der evangelischen Kirche noch nicht durchgesetzt.

Damit entfernen sich im Begriff »Protestantismus« zwei Größen abermals voneinander, die die Reformation zusammengedacht hat: Kirche und Individuum.

[60] Sie definieren das Wort nicht nach Gott, der es redet, sondern nach dem Menschen, der es annimmt und empfängt – WA TR 3,673,3f.

[61] Gerhard Sauter, Systematische Theologie im Übergang, VuF 50/2005, 88–112, 90.

11. Blickt man auf diesen hier kurz skizzierten »neuprotestantischen Umbruch« (O. Bayer) zurück, dann lässt sich nicht verkennen, dass in ihm der linke Fügel der Reformation zur Auswirkung gekommen ist. Steht also der Protestantismus, rund ein Jahrhundert nach der Kontroverse Harnack-Peterson, wieder bei Harnacks Vorstellung eines Protestantismus, der sich in indepedenten Gesinnungsgemeinschaften darstellt? Die Entwicklung dahin hat sich inzwischen noch intensiviert: Individualisierungsschübe und narzisstische Tendenzen haben es mit sich gebracht, dass das Selbst des Einzelnen, seine Erfahrungen und Gefühle, seine Wünsche und Sehnsüchte, seine Hoffnungen und Ängste zum Maßstab dessen geworden sind, was von Glaube und Religion für das eigene Leben *brauchbar* ist. Gott, Glaube, religiöse Inhalte werden unter der Maßgabe als relevant erfahren, dass sie sich als Bestätigung eigener Identität, eigener Denk- und Lebensmuster und Erlebens eignen. Unter dieser Voraussetzung bewegt sich das religiös affizierte Subjekt auf dem religiösen Markt der Möglichkeiten mit seinen inzwischen weit über Inhalte des christlichen Glaubens hinausgehenden Angeboten und stellt sich die zu ihm »passende« Version von Glaube und Religion zusammen. Man hat dafür den Begriff der »Cafeteria-Religion« geprägt[62]. Diese Version subjektivistischer Religion hat längst Eingang in die Kirche(n) bis in die Gestaltung des Gottesdienstes gefunden. Sie sollte nicht mit dem Neuprotestantsmus verwechselt werden! Er hat mit diesem zwar die Orientierung am Subjekt gemeinsam. Doch im Neuprotestantismus ist das religiöse Subjekt ausgerichtet auf die Inhalte des christlichen Glaubens, *von denen her für ihn die Veranlassung ausgeht*, sie im Horizont eines vorab methodisch reflektierten menschlichen Selbstverständnisses auszulegen und sich anzueignen. Anders dagegen im Kontext subjektivistischer Religion! Hier ist es das individuelle, ja, *indivdualistische* Selbst, das eine Entwicklung durchlaufen hat, die der Soziologe Winfried Gebhardt als »die Selbstermächtigung des religiösen Subjekts« bezeichnet hat, das völlig autonom mit religiösen Inhalten umgeht[63]. »Wer oder was Gott ist, bestimme ich!«, heißt eine Formulierung aus diesem Umkreis. In einem Gedicht, das auf vielen Esoterik-Homepages im Internet zu finden ist und deshalb als so etwas wie eine programmatische Kernaus-

---

[62] Ingolf U. Dalferth, »Was Gott ist, bestimme ich!« Theologie im Zeitalter der »Cafeteria-Religion«. ThLZ 12/1996, Sp. 415–430.

[63] Gebhardt in seinem Vortrag »Wie hälst du´s mit der Religion – Über die Selbstermächtigung des religiösen Subjekts«. Vortrag beim am 31. Januar 2012 beim Internationalen Ökumenischen Forum Trier. Ich zitiere nach einer mir vorliegenden Kopie dieses Vortrags. Das Zitat a. a. O., 2.

sage subjektivistischer Religion gelten kann, heißt es: »Es gibt niemanden, der mehr Autorität in deinem Leben hat als du. Nicht deine Eltern, nicht deine Freunde, nicht dein Ehepartner, nicht einmal Gott«[64]. Doch wenn sich das religiöse Subjekt selbst zur letzten Autorität seines Lebens und Glaubens ermächtigt, stellt sich die Frage, ob es dann am Ende immer nur den Ergebnissen seines eigenen Wählens und Auswählens und so *letztlich sich selbst* begegnet. Ob es dann nur einem Gott begegnet, den es selbst bestimmt hat, der zu ihm »passt«? Kann es dann überhaupt noch einem *Anderen, Fremden* begegnen, von dem her es eine Veränderung zu erfahren vermag?

Doch wenn sich das religiöse Subjekt selbst zur letzten Autorität seines Lebens und Glaubens ermächtigt, stellt sich die Frage, ob es dann am Ende immer nur den Ergebnissen seines eigenen Wählens und Auswählens und so letztlich sich selbst begegnet.

12. Das religiös sich selbst ermächtigende Subjekt ist längst auch in den Kirchen am Werk. Es ist bestimmt durch die unbedingte Behauptung von Autonomie und Eigenkompetenz in allen religiösen Fragen, also durch den »Glauben« an die eigene Fähigkeit, es nicht nur besser zu wissen, sondern auch zu können – und zwar egal auf welchem Gebiet: der Lehre, der Seelsorge oder der Liturgie, meist verbunden mit einem ausgeprägten anti-institutionellen Affekt gegen Kirche und ihre Theologie. Gottesdienste bekommen dann ein geradezu klerikales Gepräge, sofern sich die Glieder der Gemeinde der sich selbst ermächtigenden Subjektivität des Pfarrers oder der Pfarrerin mit seinen bzw. ihren je persönlich beanspruchten Deutungen und eigengeprägten theologischen und geistlichen Überzeugungen und liturgischen Experimenten ausgesetzt sehen – bis hin zu fragwürdigen theologischen Umdeutungen und eigenmächtiger, eigenwilliger liturgischer Umgestaltung der Sakramente. An die Stelle von Lebensorientierung treten theologische Verharmlosungen. Dank der Digitalisierung stehen auch dem religiös selbst ermächtigten Subjekt vermehrt Möglichkeiten zur Verfügung, Banalisierungen des Glaubens zu verbreiten und Follower zu gewinnen. So wird auch auf diesem Wege die evangelische Kirche zunehmend als Markt der religiösen Möglichkeiten wahrgenommen, auf dem nur der sich vielleicht noch zu orientieren vermag, der schon eine Erfahrung dessen, worauf es im Kern christlichen Glaubens ankommt, *mitbringt*. (Man erinnere sich an das Votum von Otto Kuss!) Wo immer diese subjektivistischen Versionen christlichen Glaubens sich in der Kirche und ihren Gemeinden ausbreiten, wird sich die Tendenz zu einer undeutlichen Kirche intensivieren und ihre Wirkung in die Öffentlichkeit hinein weiter abnehmen, weil nicht mehr erkennbar wird, *wofür sie einsteht und wofür sie Zeugnis*

An die Stelle von Lebensorientierung treten theologische Verharmlosungen.

[64] Zit. nach Gebhardt, a. a. O., 3.

ablegt. Ihre ökumenische Mission, für die rechtfertigungstheologisch profilierte christologische Mitte einzutreten, wäre vertan, zumindest geschwächt. Es bliebe dann in der Tat nur – um auf Bonhoeffers Frage zurückzukommen – der Protest des echten Protestantismus gegen falsche Autoritäten – von Einzelnen oder vielleicht auch von Gruppen getragen.

13. Anhangweise sei auf einen Umbruch hingwiesen, der sich – um ein Jahrhundert zeitversetzt – in der Römisch-katholischen Kirche vollzogen hat. Sein Ziel war, anders als im Neuprotestantismus, die römische Kirche vor jeder Anpassung an das Denken der Aufklärung »immun« zu machen. Dieser Umbruch begann mit der Dogmatisierung der *Immaculalta conceptio Mariae* 1854 durch Papst Pius IX[65], der damit das Recht der Kreierung eines neuen Dogmas in Anspruch nahm, das zu dieser Zeit noch allein einem ökumenischen Konzil vorbehalten war. Es folgte 1864 das Breve *Tuas libenter*[66], mit dem die katholische Theologie, die sich bis dahin im Rahmen der kirchlichen Lehre frei bewegen konnte, dem neu errichteten »Ordentlichen Lehramt« des Papstes und seiner Kontrolle unterworfen wurde. Es folgte 1864 der *Syllabus errorum* mit seiner dezidierten Absage an die Irrtümer der Aufklärung[67]. Dieser Prozess kam zum definitiven Abschluss in der Verkündung der bis dahin zwar immer wieder in Anspruch genommenen, aber noch nicht dogmatisierten Unfehlbarkeit des Papstes auf dem Ersten Vatikanischen Konzil 1870: Der Papst ist unfehlbar *ex sese*, wenn er sich *ex cathedra* in Sachen des Glaubens und der Sitte äußert[68]. Ihm kommt das höchste Lehramt in der Kirche zu. Seine Unfehlbarkeit *resultiert* – oft übersehen! – aus dem Jurisdiktionsprimat[69], der auch durch das Zweite Vatikanische Konzil nicht begrenzt wurde: Laut Canon 331 des *Corpus Iuris Canonici* von 1983 verfügt der Papst »als Haupt des Bischofskollegiums, Stellvertreter Christi und Hirte der Gesamtkirche […] kraft seines Amtes über die höchste, volle, unmittelbare und entscheidende Gewalt, die er immer frei ausüben kann«. Das bedeutet auch: Konzilsbeschlüsse erlangen erst Geltung durch die Zustimmung des Papstes. Synoden haben lediglich beratende Funktion.

Es hat nicht an Stimmen gefehlt, die in der Dogmatisierung der Unfehlbarkeit des Papstes einen Umbruch in der römischen

---

65 Heinrich Denzinger, Glaubensbekenntnisse und kirchliche Lehrentscheidungen (= DH). Hg. von Peter Hünermann. Freibug 2017. DH Nr. 2803.
66 DH Nr. 2875–2880.
67 DH Nr. 2901–2980.
68 DH Nr. 3074.
69 DH Nr. 3059–3064.

Kirche gesehen haben: Die Kirche sei nach dieser Entscheidung nicht mehr »die alte Kirche«[70], sondern eine »andere« geworden. Die Anfrage Hans Küngs in seinem Buch »Unfehlbar?« (1970) an Recht und Begründung der Unfehlbarkeit des Papstes hat inzwischen längst eine Fortsetzung in einer mehr oder minder offenen Kritik unter Vertretern und Vertreterinnen römisch-katholischer Theologie gefunden. Viele sehen im päpstlichen Primat – v.a. im Jurisdiktionsprimat! – eine wesentliche Ursache der derzeitigen Kirchenkrise. Doch hat sich die röm.-kath. Kirche mit ihrer Definition der Unfehlbarkeit nicht selber die Möglichkeit einer Revision verstellt? Denn mit tiefer greifenden Korrekturen von Lehre und kirchlichem Recht kann das unfehlbare Lehramt selbstwidersprüchlich werden. Einer Revision vom Zeugnis der Heiligen Schrift her steht die Definition des Zweiten Vatikanischen Konzils die Schriftauslegung betreffend entgegen, die – dem unfehlbaren Lehramt des Papstes entsprechend – mit der Formel *sola scriptura ex ore ecclesiae* auf den Punkt gebracht werden kann[71]. Walter Kasper hat seinezeit in der Diskussion um Küngs »Unfehlbar?« (gesprächsweise) darauf hingewiesen, dass das Konzil auch nach diesem Entscheid noch immer Luthers Kritik am Papsttum (68.) vor sich habe[72]: dass der Papst »Geist und Recht« beanspruche, »auch wenn´s gleich über und wider die Schrift ist«. Wenn dem aber so ist und faktisch die päpstliche Unfehlbarkeit viele Mitglieder der röm.-kath. Kirche nicht (mehr) zu überzeugen vermag, dann stellt sich auch in Rom noch einmal die *Autoritätsfrage*. Die Einberufung einer Weltsynode 2023–2024 durch Papst Franziskus, die alle katholischen Gläubigen zur Teilhabe einlud, kann als Versuch gesehen werden, die Unfehlbarkeit des Papstes durch ein Mitberaten zu modifizieren. Das gilt auch für die jüngste Beratung des Papstes Leo XIV. mit dem Kardinalskollegium gemäß dem Prinzip *sub et cum Petro*[73].

Denn mit tiefer greifenden Korrekturen von Lehre und kirchlichem Recht kann das unfehlbare Lehramt selbstwidersprüchlich werden.

14. Luther sah bei den Schwärmern seiner Zeit und im Papsttum seiner Zeit, weit vorausschauend, die drohende Gefahr einer Identifikation des menschlichen Geistes mit dem Geist Gottes: *Individuell* auf Seiten der Schwärmer die Verwechslung des eigenen Geistes mit Gottes Geist (»Wer Gott ist, bestimme ich.«), *kollektiv* die mit dem Geist der Kirche (»Wer Gott ist, bestimmen wir.«), der

[70] Z. B. Ignaz Döllinger u. a. Vgl. Andreas Krebs in ÖR 69/2020, 201.
[71] II. Vaticanum Dei verbum, 12.
[72] Schmalkaldische Artikel VIII. BSLK, 453 ff. Ich beziehe mich hier auf eine Diskussion mit dem späteren Kardinal.
[73] Vgl. Michael Seewald, Das erste Vatikanische Konzil – ein gordischer Knoten für die Ökumene. ÖR 69/2020, 158–169.

durch den Papst repräsentiert wird. Ja, beide Male könnte man von einem Geist der Selbstbehauptung sprechen, mit dem sich einmal der Einzelne und zum andern das Kollektiv dem Evangelium gegenüber der je eigenen Einsicht und den je eigenen Interessen den Vorrang einräumt. Die fundamentale Kritik Luthers sollte freilich einen *gewichtigen Unterschied* nicht übersehen lassen: Während der Neuprotestantismus Inhalte des Glaubens im Horizont der Deutung religiöser Subjektivität reformuliert und reduziert mit der Folge eines Substanzverlustes, hat sich die römisch-katholische Kirche die Inhalte des Glaubens – neben und über schriftwidrige Lehren hinaus – in ihrer Tradition *reicher bewahrt und entfaltet*. Das hat Luther bei aller Kritik an der »Papstkirche« stets anerkannt, denn er wusste sich in einem ununterbrochenen Traditionszusammenhang, der von den Aposteln bis in die Gegenwart reicht und in dem er selber ein Glied ist, das das Ererbte weitergibt an die kommenden Geschlechter. Bei Hanns Rückert ist zu lesen: »Dass sich der Protestantismus des 16. und der folgenden Jahrhunderte vom Humanismus – nicht von der Reformation (!) – dasjenige Geschichtsbild hat aufdrängen lassen, das im Schema der Wiederanknüpfung an die Antike eine mittelalterliche Zwischenzeit entgottet und als ein kirchliches Vakuum wertet, das ist ein schon längst (!) bei uns passierter Verlust an evangelischer (!) Substanz«[74]. Was Rückert im Blick auf das Mittelalter formuliert hat, wird entsprechend auf die Zeit der frühen Kirche zu beziehen sein. »Das reformatorische Bekenntnis hat [...] durch die Übernahme der altkirchlichen Grundentscheidungen die Kirchen der Reformation im Horizont der Katholizität verortet«[75], wobei mit Rückert daran erinnert sei, dass der Begriff des Katholischen im Mittelalter und in der Reformationszeit noch nicht die »Engführung« erfahren hat, die in der *römisch*-katholisch Kirche eingetreten ist. Noch im 17. Jahrhundert nennt man sich in den reformatorischen Kirchen gern »katholisch-evangelisch«[76]. Die evangelische Kirche ist nicht erst 500 Jahre alt und der Gedenktag der Reformation am 31. Oktober nicht ihr Geburtstag, sondern sie ist Teil der Kirche, die der Heilige Geist

»Das reformatorische Bekenntnis hat [...] durch die Übernahme der altkirchlichen Grundentscheidungen die Kirchen der Reformation im Horizont der Katholizität verortet«

[74] Hanns Rückert, Das evangelische Geschichtsbewußtsein und das Mittelalter., in: ders., Vorträge und Aufsätze zur historischen Theologie. Tübingen 1972, 12–18, 18. Vgl. auch Peter Brunner, Pro Ecclesia. Berlin und Hamburg 2. Aufl. Was bedeutet Bindung an das lutherische Bekenntnis heute? 46–55, 51: »Das Evangelium ist nicht seit dem Jahr 120 in der Welt verschwunden und erst in den Jahren 1516 bis 1521 in Wittenberg wieder aufgetaucht.«

[75] Roger Mielke, Die Identität der Kirche und die Identität Gottes, in: Roger Mielke/ Heiner Süselbeck (Hg.) Grundlagen und Vollzüge pastoraler Existenz. Neukirchen 2002, 108–124, 123.

[76] Zit. nach Peter Steinacker, Art. Katholizität, TRE 18,72–80, 77.

am Pfingsttag ins Leben rief[77]. Darum erscheint es mir als unabdingbar, dass wir uns *einerseits* im Chor der Ökumene vom Katholizismus, der Orthodoxie und anderen Kirchen *fragen* lassen, ob und inwieweit wir den Reichtum der Heiligen Schrift und ihre Entfaltung in der Geschichte der Christenheit schon erkannt und zum Leuchten gebracht haben, und uns *andererseits* von ihnen *ergänzen* und an die reiche Entfaltung der Botschaft des Evangeliums in kirchlicher Tradition *erinnern* lassen – und auch die uns geschenkten Erkenntnisse mit den andern teilen! *Gerade im Blick auf die offene Frage der Autorität braucht die evangelische Kirche die ökumenische Gemeinschaft und das ökumenische Gespräch!* Ohne Ökumene ist sie m. E. in ihrem Kirche-Sein gefährdet! Da inzwischen die päpstliche Autorität in der röm.-katholischen Kirche unter vielen ihrer Kirchenmitglieder nicht mehr zu überzeugen vermag und ihre Begründung in Teilen der katholischen Theologie offen hinterfragt wird, sind de facto *beide* Kirchen von einer *Autoritätskrise* auf je eigene Weise betroffen und herausgefordert. Daraus ergibt sich m. E. eine *veränderte* Ausgangsbasis für den evangelisch-katholischen Gesprächsprozess.

15. Bonhoeffer schrieb seinen Brief vom 9. Oktober 1940 in Klein-Krösin, wo er an seiner Ethik arbeitete. Seine illegale Arbeit mit dem Sammelvikariat war im Frühjahr jenen Jahres von der Gestapo aufgelöst worden. Maßnahmen des Kirchenministeriums brachten den altpreußischen Bruderrat an den Rand seiner Arbeitsfähigkeit. Bonhoeffer selbst erhielt Anfang September ein Redeverbot und die Auflage einer polizeilichen Meldepflicht. Das alles und diese »kirchliche Lage« wird (wie zuvor schon mit Bethge) Gegenstand des Gespräches mit der Gastgeberin Ruth von Kleist-Retzow und ihrem Vetter Ewald von Kleist-Schmenzin – beide der Bekennenden Kirche eng verbunden und Bonhoeffers Arbeit unterstützend – am Sonntag vorher gewesen sein. Bonhoeffer dürfte bei dem Thema »Kampf um das Kirchenregiment« das Ende der Staatskirche 1918 und über die auf den Synoden von Barmen und Dahlem getroffenen Entscheidungen hinaus die weitere Entwicklung vor Augen gehabt haben. 1935 hatte Hitler den Juristen Hanns Kerrl zum Kirchenminister ernannt

---

[77] Vgl. zu diesem Thema den Vortrag, den Christoph Markschies am 24.3.2012 in Rom gehalten hat: Wie katholisch ist die Evangelische Kirche? Wie katholisch soll sie sein?, der mir in einer Kopie vorliegt. Vgl. weiter Kirchennamt der EKD (Hg.), Kirchengemeinschaft nach evangelischem Verständnis. Hannover 2001, 16: »Wir glauben die eine, heilige, katholische(allgemeine) und apostolische Kirche« Vgl. auch Dietrich Bonhoeffer: »Ich lese jetzt viel mit Interesse Tertullian, Cyprian und andere Kirchenväter! z. T. viel zeitgemäßer als die Reformatoren und zugleich eine Basis für das ev.-kath. Gespräch.« WE. Neuausgabe. München 1970, 154.

mit dem Auftrag, den Streit zwischen den divergierenden Flügeln innerhalb der Deutschen Evangelischen Kirche beizulegen. Kerrl bildete einen Reichskirchenausschuss mit dem Ziel gemäß staatlicher Vorgaben die Evangelische Kirche zu einen, darunter auch die Bedingung »die nationalsozialistische Volkwerdung auf der Grundlage von Rasse, Blut und Boden« anzuerkennen[78]. Eine Mitarbeit unter dieser Bedingung hätte der Bekennenden Kirche die Annullierung von Barmen und Dahlem abverlangt. Die Bekenntnissynode in Bad Oeynhausen (18.–22. Februar 1936) sollte entscheiden. Das »Stichwort ›Bekenntnis‹ wurde jetzt zum trennenden Merkmal im Blick auf das Verständnis von ›bekenntnisgebundenem Kirchenregiment‹«[79]. Dahinter verbarg sich nicht nur eine Lebensfrage für die »zerstörten« Kirchen Altpreußens im Unterschied zu den »intakten« Landeskirchen, sondern auch ein Vorbehalt gegenüber der Ableitung von Recht und Ordnung aus Schrift und Bekenntnis und damit zugleich eine Abkehr von der 3. und 4. Barmer These, die ihrerseits ja eine Abkehr von dem bisher am staatlichen Verwaltungsrecht orientierten Kirchrecht implizierte. Trotz aufrichtigen Willens zusammenzubleiben, zerbrach die Einheit der Bekennenden Kirche. Ein »Rat der Evangelisch-Lutherischen Kirche Deutschlands« trat neben die Vorläufige Leitung der Bekennenden Kirche, die nun sog. »Dahlemiten«. Doch mit dieser Absage an die Mitarbeit im Reichskirchenauschuss wurde die Bekennende Kirche *illegal* und bekam das auch umgehend durch staatliche Maßnahmen zu spüren. Damit jedoch noch nicht genug: Innerhalb der Bekennnden Kirche ließen sich einzelne Pfarrer »legalisieren«, indem sie sich einem von den Deutschen Christen durchsetzen Konsistorium unterstellten – darunter dann auch einzelne Kandidaten aus Bonhoeffers Predigerseminar. Damit stand die Frage im Raum: Wie *verbindlich* sind die Beschlüsse von Barmen und Dahlem? In mehreren Texten ist Bonhoeffer dieser Frage nachgegangen, ausgehend von der Feststellung: »Hinter Barmen und Dahlem können wir nicht darum nicht mehr zurück, weil sie geschichtliche Tatsachen unserer Kirche sind, denen wir Pietät zu erweisen hätten, *sondern weil wir hinter Gottes Wort nicht mehr zurückkönnen«*[80]. In einem Brief an einen nicht genannten Empfänger vom 25. Januar 1936 heißt es: »Ich bin nun des Glaubens, dass der Heilige Geist der Bekennenden Kirche auf den Synoden von Barmen und Dahlem, die sich an

Trotz aufrichtigen Willens zusammenzubleiben, zerbrach die Einheit der Bekennenden Kirche.

[78] Zit. nach Mehlhausen, Nationalsozialismus Kirchen. TRE 24, 43–78, 60.

[79] Karl Kupisch, Die deutschen Landeskirchen im 19. Jahrhundert. Die Kirche in ihrer Geschichte. Ein Handbuch. Göttingen 1966, 155.

[80] So in seinem Aufsatz *Zur Frage der Kirchengemeinschaft* 1936 in: DBW, Bd. 14. Hg. von Otto Dudzus u. a. Gütersloh 1996, 668.

Schrift und Bekenntnis allein gebunden haben, ein Wort gesagt hat, das für uns verbindlich ist«... In einem »Zurückweichen vor dem gegebenen Wort Gottes würde ich die furchtbarste Zuchtlosigkeit erkennen müssen... Wir können uns nicht mehr selbst von der Weisung des Heiligen Geistes entbinden«[81]. Bonhoeffer ist damals alsbald der »Schwärmerei« und »katholischen Denkens« bezichtigt worden. Selbst ein so verlässlicher Mitstreiter innerhalb der Bekennenden Kirche, wie Helmut Gollwitzer, sprach von einer »unmöglichen Auslegung« und meinte ihm entgegnen zu müssen: »Das Bekenntnis der Kirche ist nicht Gottes Wort, sondern Zeugnis der Kirche von Gottes Wort. Nicht Gott, sondern die Kirche hat in Barmen und Dahlem gesprochen, wie hoch auch vom Beistand Gottes dabei gedacht werden darf«[82]. In der Diskussion hat sich Bonhoeffer mehr in Frageform zu Wort gemeldet. »Ist nicht der relativen (!) Autorität der Synoden gegenüber dem Wort der Schrift und ihrer Irrtumsfähigkeit damit voll Ausdruck verliehen, dass Wort jedenfalls immer ›unter dem Wort‹ bleibt, wenn es rechtes Wort sein soll?«[83] Bonhoeffer hat nicht mehr und nicht weniger als eine *Teilnahme* an der Autorität des kirchlichen Bekenntnisses an der Autorität des Wortes Gottes im Heiligen Geist behauptet! Diese Position impliziert ein Bündel immer noch unerledigter Fragen, die längst zu Fragen einer ökumenischen Theologie geworden sind: Wie verhalten sich *Verbindlichkeit* und *Vorläufigkeit* von Dogma und Bekenntnis zueinander? In welcher Weise nehmen Sätze des Dogmas oder Bekenntnisses an der Wahrheit Gottes teil? Ist die Infragestellung der Satzwahrheit – Jüngel hat sie seinerzeit in einem Votum zu der von Hans Küng ausgelösten »Unfehlbarkeitsdebatte« zu den »Dauerproblemen evangelischer theologischer Verantwortung« gezählt – zugleich eine Infragestellung der Kirche in der evangelischen Kirche?[84]

Bonhoeffer hat offenbar im stellvertretenden Ringen der Bekennenden Kirche, in das er ja selbst zutiefst verwickelt war, den Auftrag gesehen, »eine Autorität in der Kirche« aufzurichten, »die allein vom Wort und Bekenntnis her begründet ist.« Ihr »Kampf um die Leitung der Kirche« (sc. Kirchenregiment) war »ein Kampf um die wahre Kirche«, damit es nicht zur »Preisgabe der Kirche und der Gemeinden an ihre Feinde« komme«[85]. Und die »Waffe« in diesem Kampf »bleibt allein das lebendige Bekennt-

Bonhoeffer hat offenbar im stellvertretenden Ringen der Bekennenden Kirche, in das er ja selbst zutiefst verwickelt war, den Auftrag gesehen, »eine Autorität in der Kirche« aufzurichten, »die allein vom Wort und Bekenntnis her begründet ist.«

[81] Bonhoeffer, a. a. O., 110.
[82] Ges. Schriften Bd. 2, 249. Siehe Absatz 2.
[83] Bonhoeffer, a. a. O., 696.
[84] Eberhard Jüngel, Unterwegs zur Sache. Theologische Bemerkungen. BevTh 61. München 1972, 201.
[85] GS Bd. 2, 256 f.

nis, in dem Wissen darum, »dass das Bekenntnis der Väter und das Bekenntnis gegen die Feinde Jesu Christi nur dort glaubwürdig und vollmächtig wird, wo das Bekenntnis gegen sich selbst vorangegangen (!) ist, wo das *damnamus* zuerst gegen die eigene Front gerichtet ist«[86].

Die *»Frage nach der Möglichkeit evangelischer Kirche für uns«* hat sich Bonhoeffer unabweisbar in dem bis an die Grenze der Existenz gehenden Ringen der »illegalen« Bekennenden Kirche gestellt. Ohne das Vertrauen auf die von Wort Gottes und Bekenntnis getragene Autorität – beides vereint die 1. Barmer These miteinander – wäre die Bekennende Kirche wehrlos gewesen. Mit der »Unverbindlichkeit einer moralischen Paränese«, durch die laut Harnack »*wirkliche* religiöse Gemeinschaft zu allen Zeiten [...] zu Stande gekommen ist«, wäre es 1933 nicht zu einer Unterscheidung der Geister gekommen[87]. Es ist v. a. die für die Theologische Erklärung von Barmen grundlegende 1. These, die die Entscheidung provoziert. Sie spitzt das Erste Gebot christologisch zu. Damit bleibt sie für jede Kirche aktuell! Heute trifft sie nicht mehr auf eine harte Front, wie damals, sondern erscheint als Angebot auf dem reich beschickten Markt religiöser Möglichkeiten, kann dort jedoch mit ihrem »autoritären Pathos« nur stören[88]. Kann eine zugemutete Entscheidung im »neuprotestantischen Horizont« nur als »autoritär« wahrgenommen werden? In der von Diffusion gezeichneten evangelischen Kirche ist die 1. Barmer These, die mit der ihr eigenen Bestimmtheit die Frage nach einer »allein vom Wort und Bekenntnis her« begründeten Autorität in der Kirche und die damit gegebene »Möglichkeit evangelischer Kirche« aufwirft, nicht (mehr) konsensfähig. Gewiss: Es gibt hin und her im Lande evangelische Gemeinden, geistliche Gemeinschaften und Kommunitäten, die danach trachten, sich in ihrer Verkündigung und ihren Lebensvollzügen von Wort und Bekenntnis ausrichten und prägen *zu lassen*. Doch ihr Zeugnis wird kontrastiert von anderen Gemeinden, die dem Binnenpluralismus huldigen. Wohin wird der Weg der evangelischen Kirche führen?

Es ist v. a. die für die Theologische Erklärung von Barmen grundlegende 1. These, die die Entscheidung pro - voziert. Sie spitzt das Erste Gebot christologisch zu. Damit bleibt sie für jede Kirche aktuell!

Es muss auffallen, dass Bonhoeffer neben der Rückkehr nach Rom und unter die Staatskirche die von seinem Lehrer Adolf von Harnack begrüßte »Entwicklung«, die immer mehr – ohne

86 In: Dietrich Bonhoeffer, Die Bekennende Kirche und die Ökumene«, erschienen in EvTh Heft 7, August 1935, 242–262. Zitiert nach GS, Bd. 1, 240–261, 254 f.

87 Vgl. Anm. 26, a.a.O, 179. Hervorhebung von Harnack.

88 Vgl. Jörg Lauster Die Verzauberung der Welt. München [6]2020, 609. Gemessen »an den theologischen Anstrengungen des 19. Jahunderts, den Protestantismus für den Geist der Moderne zu öffnen«, sei die Barmer Erklärung,1933 wohl notwendig, aber »aus neuprotestantischer« Sicht ein »Rückfall«.

Bekenntnis! – zum Indepentismus und der reinen Gesinnungsgemeinschaft führt, nicht erwähnt. Wird sie die Zukunft der evangelischen Kirche sein? Was aber meint Bonhoeffer mit dem »Weg in die Vereinzelung des ›Protestes‹ des echten Protestantismus gegen falsche Autoritäten«? Denkt er daran – Sören Kierkegaard lässt grüßen – dass Einzelne vorangehen und für eine Gemeinde einstehen, die von ihrem Auftrag abgefallen ist?[89] Was geschehen wird, wissen wir nicht. Doch gilt es, der offenen *Frage nach der Möglichkeit evangelischer Kirche* standzuhalten und in Geduld und Gebet bereit zu sein für das Wirken des Heiligen Geistes.

Im Buch des Propheten Jesaja steht ein Spruch über Edom: »Man ruft zu mir aus Seir: Wächter, ist die Nacht bald hin? Wächter, ist die Nacht bald hin? Der Wächter aber sprach: Der Morgen kommt, doch noch ist Nacht. Wenn ihr fragen wollt, so kommt wieder und fragt.« (Jesaja 21, 11 f.)

Karl Adolf Bauer, geb. 1937 in Neunkirchen/Saar, studierte Ev. Theologie an der Kirchlichen Hochschule Wuppertal und zusätzlich Kath. Theologie und Philosophie in Tübingen und Bonn, war danach Assistent für Systematische Theologie von Prof. Dr. Jürgen Moltmann in Bonn, Studieninspektor des Ev. Stiftes an der Universität Bonn (Hans Iwand-Haus) unter dem Ephorat von Prof. Dr. Gerhard Gloege sowie Vikar in Bonn-Duisdorf. Nach seiner Promotion war er von 1969–1975 als Gemeindepfarrer und Superindentent im Saarland tätig. Von 1970–2001 war er Mitglied der Landesssynode sowie von 1973–1988 nebenamtliches Mitglied der Leitung der Ev. Kirche im Rheinland. 1975–1987 war er Leiter der »kreuznacher diakonie« und von 1988–2001 Rektor des Pastoralkollegs der Ev. Kirche im Rheinland. Seit 2002 lebt er in Trier. Er gehört der Kirchlichen Arbeit Alpirsbach an und ist Mitglied der International Ecumenical Fellowship.

[89] Vgl. Sören Kierkegaard, Tagebücher IV. Gesammelte Werke. Abt. 38; Hg. von Hayo Gerdes, 89 f.

Artikel 4 des Grundgesetzes, Glockenläuten für Markus Lanz und der moderne, niederschwellige, evangelische Konzeptgottesdienst

von Holger Berninghaus

1. Showtime im ZDF

Es ist Sonntag, der 8. März 2026, Oculi. »Wer seine Hand an den Pflug legt und sieht zurück, der ist nicht geschickt für das Reich Gottes« (Lk 9, 62). Trotzdem wage ich hier einen feuilletonistischen Rückblick, denn mit Wiederholungen ist zu rechnen. In Kassel ist am 08.03.2026 neben dem dritten Fastensonntag und dem internationalen Frauentag gleichzeitig auch der Tag, an dem die evangelische Kirche von Kurhessen-Waldeck aufgrund des geltenden Medienstaatsvertrags um 09:30 Uhr den 45-minütigen ZDF-Fernsehgottesdienst in der Martinskirche produzieren darf. Es soll um »Stimmen« gehen. Alle sind dabei, bekannte und unbekannte Gesichter, schließlich ist dies eine besondere Gelegenheit, Präsenz zu zeigen.[1]

Dass die von der Landessynode beschlossene und durch die Kirchengesetze vom 24.11.1993 und 29.11.1995 eingeführte »Agende Band I – Der Gottesdienst an Sonn- und Feiertagen« heute eine größere Rolle spielt, erwartet wohl niemand [...]

a) Wir feiern Gottesdienst

Dass die von der Landessynode beschlossene und durch die Kirchengesetze vom 24.11.1993[2] und 29.11.1995[3] eingeführte »Agende Band I – Der Gottesdienst an Sonn- und Feiertagen« heute eine größere Rolle spielt, erwartet wohl niemand, denn es gilt, dem gewählten Thema »Stimmen« gerecht zu werden. Auch dass der 149. Psalm wieder beim Wort genommen werden wird (»Singet dem Herrn ein *neues* Lied«), versteht sich von selbst. Passend eröffnet also die Pastorin »im Namen der Ewigen, die mit ihrer Stimme aus dem Nichts alles Leben erschaffen hat«. Ein Gemeindelied und sogleich die erste bekenntnisneutrale Geschichte: Eine Frau zieht es jeden Tag auf die Bahnsteige der Londoner U-Bahn, weil ihr verstorbener Mann einst die dort überall zu hörende Sicherheitsdurchsage einsprach (»mind

---

[1] Der Gottesdienst ist als Video-Stream in der ZDF-Mediathek zeitlich begrenzt abrufbar unter https://www.zdf.de/play/gottesdienste/gottesdienste-104/evangelischer-gottesdienst-670.

[2] KABl. 1994 Nr. 4a Sonderausgabe, 1.

[3] KABl. 1995, 217 (Ergänzung Proprium).

the gap« / »Achte auf den Spalt zwischen Tür und Bahnsteig«). Eines Tages wird selbige aber durch die Aufnahme eines neuen Sprechers ersetzt. Die Frau hat ihr tägliches Ritual verloren. Sie wendet sich an die U-Bahn-Betreiber, erhält auf ihre Bitte eine Kopie der Aufnahme ihres Mannes und diese wird auch gleich wieder anstelle der neuen in allen Stationen abgespielt, weil die Betreiber von der Geschichte genauso gerührt sind wie wir. Nach einem kontemplativen Flötensolo, Psalm 19 mit den Worten Israels in moderner Sprache, einem kurzen Gebet und einem zeitgenössischen Lied folgen die nächsten drei Geschichten, diesmal vorgestellt von den drei live im Altarraum platzierten Gästen: Eine Frau, die als Coach Frauen in Führungspositionen eine Stimme verschafft. Eine andere ist glühender Eishockeyfan und fühlt sich beim Anfeuern in der Halle für einen Moment befreit von ihrer schweren Krankheit und geborgen in der Familie der Fans (Gott ist auch mit dabei). Ein dritter Gast hat nach der Hormontherapie endlich eine Stimme gefunden, die sich richtig anfühlt und singt ein Lied darüber, dass es wichtig ist, herauszufinden, wofür du brennst. Drei weitere menschliche Geschichten, die zu Herzen gehen, aber damit nicht genug, denn nach dem nächsten Gemeindelied folgt die Predigt. Zunächst einige persönliche Schlaglichter aus dem Leben der Pastorin. Dann die Geschichte einer Frau, die wegen eintretender Gehörlosigkeit ihr Gesangsstudium abbrechen muss, aber mit Hilfe ihres (biologischen) Vaters, der an sie glaubt, eine Möglichkeit findet, wieder vor Publikum zu singen. Schließlich die Geschichte der Hannah (1. Sam 1, 9–15 u. 2, 1–9), die ebenfalls ihre Stimme wiederfindet und (nun wird es am Ende doch theologisch) ihre persönliche Gottesbeziehung erneuern kann. Es folgen weitere Lieder und Musikstücke, Glaubensbekenntnis, Fürbitten (unter anderem für die Bäckereifachverkäuferinnen und die Nachrichtensprecherinnen – wohl eine Art Fortsetzung der Predigt mit den Mitteln des Gebets), Vaterunser, Segen und ein Hinweis auf das Zuschauertelefon. Alles in allem haben alle ihr Bestes gegeben. Sogar die Besucherinnen und Besucher waren von einer ZDF-Vertreterin vor Beginn des Gottesdienstes auf ihre wichtige Rolle beim Mitsingen (bei den zeitgenössischen Liedern notfalls auch nur mit den Lippen) und die Notwendigkeit eines fröhlichen Gesichtsausdrucks verpflichtet worden.

b) Lass dich berühren und bewegen

Nun sind Fernsehgottesdienste etwas Spezielles und verleiten die Verantwortenden möglicherweise ganz besonders dazu, sich innovativ und unvergesslich, gleichzeitig aber auch möglichst leicht zugänglich zu zeigen. Als nebenamtlicher Kirchenmusiker kenne ich jedoch das Phänomen, vertraute Stationen des Sonntagsgottesdienstes durch weltanschaulich neutrale Geschichten und Impulse zu ersetzen, seit vielen Jahren in allen möglichen Varianten und ich habe solche Konzeptgottesdienste auch immer gerne musikalisch unterstützt. All diese Elemente könnten jedoch ebenso gut zum Gegenstand einer vollkommen religionsfreien Talkshow oder einer neutralen TV-Dokumentation gemacht werden. So wertvoll und berührend sie sind, müssen sich die Geschichten und Impulse aus dem Leben nebst Rahmenprogramm doch die Frage gefallen lassen, was sie mit der Ausübung der christlichen Religion zu tun haben und warum sie Teil des gottesdienstlichen Geschehens werden müssen. Natürlich haben sie ihren Platz in der persönlichen Begegnung eines Seelsorgegesprächs, eines Konvents oder eines Retreats. Für den Sonntagsgottesdienst als allgemeine religiöse Versammlung lassen sie sich jedoch nur transferieren, wenn die Ausführenden eine überzeugende Brücke zu spezifisch (christlich-)religiösen Themen bauen können, die bewirkt, dass die Besucherinnen und Besucher nicht allein die Geschichte, sondern die hieraus entwickelte theologische Aussage mitnehmen. Manchen Ausführenden gelingt dies und manchen nicht. Der notwendige Brückeneffekt dürfte bei dem beschriebenen Fernsehgottesdienst allein schon aufgrund der Vielzahl der »Stimmen« ausgeblieben sein, so dass hieraus am Ende weniger ein Teil von Glaube, Hoffnung und Liebe, sondern vielmehr ein allgemeines »Berührt-sein« geblieben sein dürfte. Gut, dass an diesem Tag zumindest Glaubensbekenntnis und Vaterunser erhalten blieben und einige der Lieder auch noch etwas mehr vermittelten (»Ich singe dir mit Herz und Mund«, »Wunderbarer König«). Leider mussten sie wegen drohender Überschreitung der Sendezeit gekürzt werden, ebenso wie die von der Kantorei extra einstudierte Motette zum Schluss (»Verleih uns Frieden«).

Der notwendige Brückeneffekt dürfte bei dem beschriebenen Fernsehgottesdienst allein schon aufgrund der Vielzahl der »Stimmen« ausgeblieben sein, so dass hieraus am Ende weniger ein Teil von Glaube, Hoffnung und Liebe, sondern vielmehr ein allgemeines »Berührt-sein« geblieben sein dürfte.

Mein persönliches Fazit: 20 % dieses Gottesdienstes verdienen diese Bezeichnung ohne weiteres, dafür bin ich dankbar und hierin konnte ich mich verankern. 80 % waren »nice to have«, vermittelten aber doch im Wesentlichen ein weltanschaulich neutrales »Berührt-sein« und hätten genauso gut zum Konzept des ZDF-Talkshow-Gurus Markus Lanz gepasst, der in seinen wöchentlichen Stuhlkreisen ebenfalls Menschen mit bewegenden Geschichten zu Wort kommen lässt. Diese 80 %, deren Inhalte im Kirchenjargon gerne mit dem Begriff »niederschwellig« umschrieben und verteidigt werden, drücken eine stark geminderte Erwartung der Gottesdienstverantwortlichen an die Bereitschaft der Besucherinnen und Besucher aus, sich auf konkrete Glaubensthemen überhaupt noch ernsthaft einzulassen. Das ist enttäuschend und es stellt sich die Frage, womit wir es bei diesen 80 % dann eigentlich noch zu tun haben.

c) Ist das noch Religion?

Fällt die Ausbreitung berührender Geschichten aus dem Leben noch unter den Begriff der Religionsausübung? Können sich also Markus Lanz & Co. ebenfalls auf die in Deutschland verfassungsrechtlich garantierte Religionsfreiheit berufen? In der Regel hat jede Religion und jede Glaubensgemeinschaft ihren Vollzug. Buddhisten meditieren und rezitieren, fromme Moslems beten freitags gemeinsam und fünfmal am Tag allein, Juden versammeln sich in der Synagoge und begehen den Sabbat, römisch-katholische Christen feiern die heilige Messe und orthodoxe Christen die heilige Liturgie. Moderne evangelisch-landeskirchliche Christen dagegen – so entsteht der Eindruck – halten ihre in einem demokratischen Prozess[4] zustande gekommenen Gottesdienstagenden nicht mehr für zeitgemäß und wünschen sich stattdessen Markus Lanz am Altar? Über den Wandel des Gottesdienstgeschehens und den protestantischen Trend zur Rücksicht auf den mutmaßlichen Zeitgeist ist schon viel geschrieben worden.[5] Nachfolgend soll – in feuilletonistischer Absicht – einmal der Frage nachgegangen werden, ob die beschriebenen 80 % aus (verfassungs-)rechtlicher Sicht noch Religionsausübung darstellen.

Moderne evangelisch-landeskirchliche Christen dagegen – so entsteht der Eindruck – halten ihre in einem demokratischen Prozess zustande gekommenen Gottesdienstagenden nicht mehr für zeitgemäß und wünschen sich stattdessen Markus Lanz am Altar?

2. Schutzbereich der Religionsfreiheit

a) Erkämpftes Recht

Positive und negative Bekenntnis- und Religionsfreiheit sind keine selbstverständlichen Koordinaten. Der Westfälische Friede von 1648 brachte in den deutschen Landen lediglich ein unvollkommenes Konzept der Duldung. Das Wirken in der Öffentlichkeit unterlag für die nicht der örtlich herrschenden Konfession angehörigen Christen (»ut cuius sit regio, hoc est eius etiam sit religio«) weiter erheblichen Restriktionen (z. B. Beschränkung auf Hausandachten) und für Juden galt ohnehin ein fremdenrechtlich geprägtes Sonderregime.[6] Letztlich wurde das die minoritären Religionsgemeinschaften diskriminierende Staatskirchentum, durch das die nachreformatorische Zeit geprägt war, erst durch die Weimarer Reichsverfassung von 1919 liquidiert und es kam

[4] Nach Art. 105 der Grundordnung der Evangelischen Kirche von Kurhessen Waldeck erforderte die Einführung der neuen Agende I in den Jahren 1993–1995 eine Zweidrittelmehrheit in der Landessynode. Die Kreissynode war vorher anzuhören und alle Kirchengemeinden hatten bei Vorliegen »schwerwiegender Gründe« ein Widerspruchsrecht.

[5] Kritisch z. B. *Bethke*, »Vom Glauben abgefallen«, Kösel-Verlag 2025, mit Berichten über die von der Autorin besuchten evangelischen Gottesdienste.

[6] *Heinig* in Huber / Voßkuhle, Art. 4 GG Rn. 6–8.

zur Etablierung gleicher Rechte.[7] Im Grundgesetz für die Bundesrepublik Deutschland (GG) von 1949 wird die Glaubens- und Gewissensfreiheit schließlich in den Katalog der als Abwehrrechte konzipierten kardinalen Freiheits- und Gleichheitsgrundrechte eingebettet (Art. 1 bis 19 GG). Nach Art. 4 Abs. 2 GG wird dabei ausdrücklich auch »die ungestörte Religionsausübung gewährleistet«. Diese ist Teil der in Art. 4 Abs. 1 GG verankerten allgemeinen Freiheit des Glaubens, des Gewissens, des weltanschaulichen und des religiösen Bekenntnisses und stellt eine klarstellende, textlich hervorgehobene Ausprägung dieses einheitlichen Grundrechts dar,[8] die unter dem Eindruck der Störungen während der nationalsozialistischen Gewaltherrschaft und in der im Jahre 1949 noch herrschenden Vorstellung formuliert wurde, dass jede Religion ihr spezifisches »exercitium religionis« habe, auf das unbedingt Rücksicht zu nehmen sei. Diese Rücksichtnahme ging sogar so weit, dass die Mütter und Väter des GG einige religionsbezogene Bestimmungen der Weimarer Reichsverfassung von 1919, z. B. zum Selbstverwaltungsrecht der Kirchen, zum »Sonntag als Tag der Arbeitsruhe und der seelischen Erhebung« und zur Militär-, Klinik- und Anstaltsseelsorge weiter für anwendbar erklärten.[9]

b) Zurückhaltung bei der Bewertung religiöser Vollzüge

Aufgrund der Vielfalt der Religionen und Weltanschauungen (unter Einschluss eines Rechts auf »Nicht-Religion«) ist der Begriff »Religionsausübung« des Art. 4 GG sehr weit zu verstehen. Er beschränkt sich gerade nicht auf ein fest definiertes »exercitium religionis«, sondern umfasst neben den kultischen Handlungen im engeren Sinne (z. B. Gottesdienst, Sakramente, öffentliches Beten) und der Ausübung religiöser Gebräuche aller Art (z. B. Glockenläuten, Kollekten, Prozessionen, Kleidung) auch das praktische Handeln (z. B. diakonisches Engagement einschließlich Kirchenasyl,[10] Verweigerung des Kriegsdienstes mit der Waffe,[11] Schächten,[12] Ablehnung körperlicher Eingriffe[13]) und die Äuße-

7 Art. 137 WRV.
8 BVerfG vom 01.12.2009 – 1 BvR 2857 – 2858/07.
9 Art. 140 GG i. V. m. Art. 137 Abs. 3 WRV, Art. 139 u. Art. 141 WRV. Die besondere Garantie »der theologischen Fakultäten an den Hochschulen« (Art. 149 Abs. 3 WRV) wurde dagegen nicht in das GG übernommen. Einschlägig ist jetzt (nur) noch Art. 5 Abs. 3 GG (Forschungs- und Lehrfreiheit).
10 BSG vom 24.06.2021 – B 7 AY 4/20 R.
11 Hierzu enthält und eröffnet Art. 4 Abs. 3 GG eine spezialgesetzliche Regelung.
12 BVerfG vom 15.01.2002 – 1 BvR 1783/99 (es ist eine Ausnahmegenehmigung erforderlich).
13 BVerfG vom 02.08.2001 – 1 BvR 618/93 (Bluttransfusion).

rung des eigenen Glaubens samt dem Werben für diesen Glauben (Missionierung). Maßgeblich ist, was nach dem Selbstverständnis der Religion oder Weltanschauung als deren Ausübung betrachtet wird.[14] Der Schutzbereich des Art. 4 GG entfällt erst dann, wenn die religiösen oder weltanschaulichen Lehren nur als Vorwand für eine wirtschaftliche Betätigung dienen.[15]

Maßgeblich ist, was nach dem Selbstverständnis der Religion oder Weltanschauung als deren Ausübung betrachtet wird.

Soweit es um die Ausübung des Grundrechts durch den Einzelnen geht, versteht die Rechtsprechung die Bekenntnis- und Religionsfreiheit als individualistische Freiheit, die sich unabhängig von dem Verständnis einer Kollektivreligion verwirklicht und die es daher durchaus nicht ausschließt, dass ein persönlicher Glaube auch auf der Grundlage einer selbst erfundenen Privatreligion ausgeübt wird.[16] Maßgeblich ist die Perspektive des Einzelnen, nicht eine bestimmte religiöse Autorität.[17] Beruft sich der Einzelne auf die Aussagen einer etablierenden Kollektivreligion, darf dies nicht dazu führen, dass der Staat (d.h. eine Behörde oder ein Gericht) im Einzelnen überprüft, ob das Verhalten mit deren »exercitium religionis« übereinstimmt oder nicht, denn hierdurch würde faktisch der Staat den Schutzbereich des Grundrechts bestimmen. Die Rechtsprechung verlangt lediglich, dass es sich bei dem sog. Bezugsrahmen, in den das Verhalten des Einzelnen eingegliedert ist, nach seinem geistigem Gehalt und äußeren Erscheinungsbild im Grundsatz um eine Religion oder Weltanschauung handeln kann.[18] Ist dies der Fall, genügt die plausible Darlegung des Einzelnen, dass sein Handeln oder Unterlassen in einem Zusammenhang mit den jeweiligen Glaubensüberzeugungen steht.[19] Im Interesse eines effektiven Grundrechtsschutzes ist es staatlichen Stellen allenfalls erlaubt, das Verhalten auf Plausibilität zu überprüfen, worin allerdings die Ernsthaftigkeit der Glaubensbekundung und die Konformität mit dem vorherrschenden oder kanonisierten Verhalten der Religionsgemeinschaft einfließen können.[20]

---

[14] BVerfG vom 16.10.1968 – 1 BvR 241/66 (»Kanzelwerbung«); BVerfG vom 27.10.2016 – 1 BvR 458/10 (Karfreitag als Ruhetag).

[15] Die Überschreitung dieser Grenze wurde z. B. für die Osho-Bewegung generell (BVerwG vom 27.03.1992–7 C 21/90) und für die Scientology-Bewegung zumindest insoweit verneint, als sich ein Einzelner auf die Lehren Hubbards beruft (BVerwG vom 15.12.2005 – 7 C 20/04). Hiervon streng zu unterscheiden ist die Frage, ob staatliche Stellen vor bestimmten Organisationen warnen dürfen, wenn Anhaltspunkte für eine psychische und finanzielle Ausnutzung der Mitglieder vorliegen (vgl. BVerfG vom 26.06.2002 – 1 BvR 670/91).

[16] BVerfG vom 11.04.1972 – 2 BvR 75/71 (Zeugeneid).

[17] *Heinig* in Huber / Voßkuhle, Art. 4 GG Rn. 54.

[18] BVerfG vom 05.02.1991 – 2 BvR 263/86 (Bahai).

[19] BVerfG vom 24.09.2003 – 2 BvR 1436/02 (Kopftuch).

[20] *Di Fabio* in Dürig / Herzog / Scholz, Art. 4 GG Rn. 80.

c) Zwischenergebnis

Daraus ergibt sich, dass das weltanschaulich austauschbare, erst gar nicht oder allenfalls niederschwellig mit Bibelbotschaften angereicherte Nachsinnen über bewegende Geschichten aus dem Leben durch eine bestimmte Gruppe zweifelsfrei Religions- bzw. Bekenntnisausübung darstellt, sofern (1.) diese Gruppe nach ihrem geistigem Gehalt und äußeren Erscheinungsbild eine Religion oder ein Bekenntnis vermittelt und das Verhalten (2.) Teil ihres Selbstverständnisses ist. Dies macht den Unterschied zwischen einem lediglich auf Unterhaltung und Information ausgerichteten Talkshow-Stuhlkreis nach dem Modell Markus Lanz und dem gefüllten Kirchenschiff eines evangelischen Gottesdienstes aus. Auch die mehr oder weniger neutralen 80 % des ZDF-Fernsehgottesdienstes vom 08.03.2026 sind also geschützte Religionsausübung, weil die Landeskirche und die Gottesdienstverantwortenden dies offenkundig selbst so sehen (Selbstverständnis). Deshalb (Bezugsrahmen) wären diese 80 % aus der Perspektive der einzelnen Besucherinnen und Besucher sogar dann noch Religionsausübung i. S. d. Art. 4 GG, wenn sich diese von den übrigen 20 % (z. B. Glaubensbekenntnis, Bibeltext und Gebete) distanzieren und diese für sich nicht mittragen würden (beschränkte Prüfung des individuellen Verhaltens bei gegebenem Bezugsrahmen).

Auch die mehr oder weniger neutralen 80 % des ZDF-Fernsehgottesdienstes vom 08.03.2026 sind also geschützte Religionsausübung, weil die Landeskirche und die Gottesdienstverantwortenden dies offenkundig selbst so sehen (Selbstverständnis).

3. Glockenläuten

Interessant wird es, wenn die grundrechtlich geschützte Religionsausübung mit anderen schutzwürdigen (Grund-)Rechten kollidiert. Nach §§ 3 Abs. 1, 22 Abs. 1 Satz 1 des Bundesimmissionsschutzgesetzes (BImSchG) darf auch von liturgischem Glockengeläut keine »erhebliche Belästigung« der Allgemeinheit oder der Nachbarn ausgehen. Diese einfachgesetzliche Vorschrift ist jedoch im Lichte des Art. 4 GG auszulegen und die widerstreitenden Rechtsgüter (hier Eigentum, Art. 14 GG und körperliche Unversehrtheit, Art. 2 Abs. 2 GG) sind dagegen abzuwägen. Die Rechtsprechung zieht grundsätzlich die dB(A)-Richtwerte der TA Lärm[21] heran, was aber wiederum Bewertungsspielräume eröffnet, da es nicht auf den oft deutlich überschrittenen sog. Mittelungswert, sondern auf die einzelfallbezogene »Lästigkeit von Einzelgeräuschen« (sog. Wirkpegel) ankommt.[22] In der bisherigen Verwaltungsrechtsprechung fällt die Abwägung fast immer

---

[21] »Technische Anleitung zum Schutz gegen Lärm«, Sechste Allgemeine Verwaltungsvorschrift zum BImSchG, gültig seit 09.06.2017.

[22] BVerwG vom 30.04.1992 – 7 C 25/91; OLG Karlsruhe vom 03.08.2018 – 4 U 17/18.

Foto: Rolf Gerlach

zugunsten der Religionsfreiheit aus. Maßgeblich seien Herkömmlichkeit, Sozialadäquanz und allgemeine Akzeptanz der Lärmeinwirkung. Das kultische Glockengeläut rufe die Gläubigen zum Gebet oder Gottesdienst und diene der Verkündigung der christlichen Botschaft. Dabei handele es sich um eine jahrhundertealte kirchliche Lebensäußerung, die, wenn sie sich nach Zeit, Dauer und Intensität im Rahmen des Herkömmlichen halte, auch in einer säkularisierten Gesellschaft bei Würdigung der widerstreitenden Interessen hinzunehmen sei.[23] Mit dieser Begründung konnte

[23] BVerwG vom 07.10.1983 -7 C 44/81; BayVGH vom 11.01.2005–22 ZB 04.3246.

auch ein Anwohner, der sich von dem einminütigen Gebimmel einer Angelus-Glocke jeden Morgen um 6:00 Uhr und 08:00 Uhr beim Meditieren und Bibellesen gestört fühlte, mit seiner Klage nicht durchdringen.[24] Selbst ein Abstand zwischen Wohnung und Glockenturm von nur 10 Metern nützte einem anderen Kläger nichts.[25] Die gleichen Grundsätze wendet die Rechtsprechung im Ergebnis auch für den Muezzin-Ruf zum Freitagsgebet per Lautsprecher an.[26] Nicht geschützt ist dagegen der Zeitschlag einer Kirchturmuhr ohne kultische Funktion.[27] Die Glocken dürfen also auch geläutet werden, um zu einem Sonntagsgottesdienst mit neutralen Geschichten und Impulsen aus dem Leben einzuladen, da allein die abstrakte liturgische Funktion des Glockenläutens an sich, nicht der konkrete religiöse Gegenstand zählt.

4. Fazit

[I.] Auch wenn die Mütter und Väter des GG sich dies wohl so nicht vorgestellt haben, fällt das weltanschaulich austauschbare, allgemeine »Berührt-sein« über ansprechend moderierte Geschichten und Impulse aus dem Leben unter den Schutzbereich der Religionsfreiheit, weil dies heute zunehmend zum Selbstverständnis der evangelischen Religionsausübung gehört. Dies belegt der ZDF-Fernsehgottesdienst vom 08.03.2026 und hierfür dürfen auch die Glocken geläutet werden. Zumindest nach den Grundsätzen des Art. 4 GG wäre selbst die Ausübung der evangelischen Religion nur mit solchen Impulsen und Eindrucken (ohne ein Glaubensbekenntnis im weiteren Sinne) vorstellbar. Ob die Menschen allerdings langfristig bereit sein würden, hierfür eine Kirchensteuerbelastung von 9 % (in Bayern und Baden-Württemberg 8 %) ihrer festgesetzten bzw. abgegoltenen Einkommensteuer aufzuwenden, während für Markus Lanz nur der Rundfunkbeitrag anfällt, ist eine andere Frage.

Ob die Menschen allerdings langfristig bereit sein würden, hierfür eine Kirchensteuerbelastung von 9 % (in Bayern und Baden-Württemberg 8 %) ihrer festgesetzten bzw. abgegoltenen Einkommensteuer aufzuwenden, während für Markus Lanz nur der Rundfunkbeitrag anfällt, ist eine andere Frage.

[II.] Ob die Transformation bewegender Geschichten und Impulse aus dem Leben in theologische Inhalte und (soweit sie stattfinden soll) in die gottesdienstliche Hinwendung der Gläubigen gelingt, dürfte maßgeblich von den persönlichen Fertigkeiten und Begabungen der ausführenden Personen abhängen. Der geneigte Leser wird sich fragen: War da nicht was? Ja richtig: Die Reformation. Gottesdienst sollte doch nicht mehr mit den exklusiven Eigenschaften, Weihen und Vollzügen einer Priesteramts-

24 VGH Mannheim vom 03.04.2012 – 1 S 241/11; BVerwG vom 19.02.2013 – 7 B 38/12.
25 OVG Lüneburg vom 13.05.1996 – 6 L 1093/94; BVerwG vom 02.09.1996 – 4 B 152/96.
26 OVG NRW vom 23.09.2020 – 8 A 1161/18; OVG RLP vom 20.11.2000 – 8 A 11739/00.
27 VG Kassel vom 25.11.2004 – 7 E 1173/02; VG Würzburg vom 28.09.2004 – W 4 K 03.1654.

person stehen und fallen. Wenn aber nun die »Agende Band I – Der Gottesdienst an Sonn- und Feiertagen« nicht mehr »in« ist: Was bleibt dann den Ausführenden und den ihnen ausgesetzten Gemeinden, wenn das Talent, die Kreativität oder die Zeit zum Ersinnen eines immer wieder berührenden und bewegenden Gottesdienstkonzepts mit immer wieder neuen und ganz besonderen Geschichten und Impulsen aus dem Leben fehlt?

Dr. iur. Holger Berninghaus ist Vorsitzender Richter am Hessischen Finanzgericht und gehört der Evangelischen Michaelsbruderschaft an.

Helmuth Uhrig – heute so aktuell wie vor 70 Jahren

von Ulrich Koring

»Wir haben Licht gesehen – dürfen wir reinkommen? Wir sind kunstinteressiert«. Ich habe sogleich alle Vorurteile gegenüber 18-Jährigen abgelegt und freundlich eingeladen: »Ja, ihr könnt gern hereinkommen.« Im Nu standen etwa ein Dutzend junger Frauen und Männer, modisch schwarz gekleidet, im Uhrig-Museum – still staunend sich umschauend. Sie aus der Reserve zu locken war nicht nötig. Auf ihren Gesichtern lagen viele Fragen: O, richtige Bleiglasfenster – wie können die Bleiruten die Scheiben festhalten? Und so viele Farbtöne. Solche Fenster sind in Kirchen anzutreffen, warum stehen sie hier? Was bedeuten die Tiere da? Wer sitzt da wie ein König auf dem Thron? Warum trägt der Mann einen roten Mantel und eine Scheibe hinter dem Kopf?

Über eine Stunde waren diese jungen Leute, die einen FSJ-Lehrgang in Kirchberg machten, im Uhrig-Museum. Sie saugten alle Erklärungen auf wie ein Schwamm das Wasser. Sie versuchten, von ihren Vorverständnissen her einzuordnen, was sie sahen und hörten. Die Mehrzahl von ihnen stammte aus muslimischen Familien und zumindest ihre Eltern aus dem Orient oder Zentralasien. Einige wussten, dass es in Krankenhäusern einen Raum gibt, wo man Ruhe findet zum Beten, und sie fanden es gut, dass dort tröstliche Geschichten in Glasbildern erzählt werden. Rasch hatten sie sich mit der aufs Wesentliche reduzierten Art der Darstellung angefreundet: »Die Bilder sprechen mich an und lassen mir Raum, mich hineinzuversetzen. Jeder kann sich darin wiederfinden.«

»Sind diese Bilder evangelisch oder katholisch?« »Sie sind vor allem christlich, der Inhalt ist aus der Bibel geschöpft. […]«

»Sind diese Bilder evangelisch oder katholisch?« »Sie sind vor allem christlich, der Inhalt ist aus der Bibel geschöpft. Der Künstler hat die Erzählungen intensiv durchgekaut, bis ihm klar wurde, was sie uns heute sagen wollen.« Sie wussten von der Spaltung der Konfessionen vor 500 Jahren. »Dass sich Religionsgemeinschaften spalten, kennt ihr ja auch. Die Neigung der Menschen zur Rechthaberei ist ebenso groß wie die Neigung zur Uniformität. Aber beides ist falsch. Niemand hat die Wahrheit für sich allein. Wir können voneinander lernen und müssen einander respektieren.«

> »Ich wäre gern Ihr Schüler gewesen. Bitte sagen Sie uns in einem Satz, was wir in unserem Leben beachten sollen«, bat der junge Mann aus Usbekistan; mit dieser Bitte stellte er mich in eine Reihe mit den Derwischen und Sufis in seiner Kultur. Ich erwiderte: Ich sage dir drei Sätze, die zusammengehören:
> »Sei dankbar für alles Gute und schließe Frieden mit dem, was dich schmerzt.
> Lerne aus Fehlern und verzeih anderen, wenn Du willst, dass sie dir verzeihen.
> Öffne dein Herz und deine Hand für die Schwachen, aber tue niemandem Unrecht.«
> Mit leuchtenden Augen und in der Gewissheit, etwas Kostbares aufgenommen zu haben, verabschiedeten sie sich.

Museumsalltag
Gewiss, das erlebt man nicht alle Tage; allerdings erzählt unser Museumstagebuch häufig von ähnlichen Begegnungen. Jahr für Jahr suchen zwischen 400 und 500 Menschen das Museum auf. Manche Besucher:innen sind bibelkundig, einige haben mit Religionslehrer:innen und Pfarrer:innen schlechte Erfahrungen gemacht, viele haben keinerlei Vorkenntnisse, zeigen sich aber bald für existenzielle Themen und für die Wahrnehmung des künstlerischen Ausdrucks sensibel.

Das Uhrig-Museum ist der Ort, wo Ausflügler am Sonntag-Nachmittag wie durch Zufall spirituelle Impulse mitnehmen können. Inmitten der Bildwerke Uhrigs werden manche Betrachter zu Philosoph:innen; ein Thema drängt ins Wort, das vielleicht lange verdrängt war. Das Uhrig-Museum ist auch der Ort, wo man Antwort erhält auf die Frage: »Was macht Ihr eigentlich auf dem Kirchberg? Was ist das Berneuchener Haus?«

Wozu gibt es das Uhrig-Museum in Kirchberg?
Ist das Uhrig-Museum ein *Kuckucksei* oder ein *Glücksfall* für den Kirchberg? Die Antwort fällt unterschiedlich aus, je nachdem, wen man fragt. Es ist jedenfalls eine Randerscheinung, ein Mauerblümchen. Als 1999 der Nachlass des Künstlers – wie in seinem Testament verfügt – zur Übernahme anstand, wurde das Erbe zunächst als hinderliche Last angesehen. Einige machten sich kundig, staunten und waren fest überzeugt, dass der Nachlass eine unschätzbare Bereicherung darstellen würde. Tatsächlich ein Glücksfall, denn das umfangreiche Bildmaterial stellt mit seinen ca. 3000 Blättern eine variantenreiche Bilderbibel dar.

Der Arbeitsbereich Kunstsammlung Helmuth Uhrig *ist in der Zielsetzung des Vereins Berneuchener Haus verwurzelt.*

Der Arbeitsbereich *Kunstsammlung Helmuth Uhrig* ist in der Zielsetzung des Vereins Berneuchener Haus verwurzelt. Die Aufgabe des

Uhrig-Museums ist es, die Intention des Künstlers aufrechtzuhalten, nämlich das Evangelium zu erzählen. Das ist eine realistische Aufgabe, weil die nachgelassenen Zeichnungen, Holzschnitte und Gemälde so vielfältig sind: Wie die zwischen Bodensee und Nordsee geschaffenen Kirchenfenster, Mosaiken und Paramente, Altäre, Kruzifixe und Reliefs an ihrem jeweiligen Ort die Besucher:innen ansprechen, so können auch die in Kirchberg aufbewahrten Bildwerke erfahrene und junge Betrachter:innen ansprechen.

Der Nachlass umfasst über 12 laufende Meter Aktenmaterial, 1200 Fensterentwürfe, 1100 abstrakte Werke, 400 Holzschnitte, Aquarelle und Glockenzieren, ferner 7 Skulpturen und 3 Fenster, die aus aufgegebenen Kirchen dem Museum anvertraut worden sind. Zu bedenken ist, dass Uhrig an ca. 180 Standorten Altäre, Kruzifixe, Taufsteine, Kanzeln, Paramente, Fresken, Gobelins sowie Mosaike und die schon erwähnte Vielzahl an Fenstern geschaffen hat; außerdem an vielen Standorten Mahn- und Gedenkmale. Unter den externen Auftragswerken nehmen die 1200 Entwürfe für Fenster-Segmente den größten Teil ein. Daneben hat Uhrig, allein aus eigenem Antrieb und für sich selbst, etwa 1100 nichtgegenständliche Bildwerke geschaffen, die sogenannten Ludischen Studien, von denen wiederum eine stattliche Anzahl von einem Bibelwort »angestoßen« sind.

Während 25 Jahren hat eine engagierte Gruppe von Frauen und Männern jährlich eine neue Ausstellung dargeboten. Den hier Abgebildeten (Brigitte Vosseler, Otto Klein, Monika Naidu; Adolf Klek, Dr. Ingrid Helber, Ulrich Koring) hat Frank Lilie bei der Ausstellungseröffnung 2025 herzlich gedankt.

Kurzfassung Biografie

Helmuth Uhrig trat 1951 im Alter von 45 Jahren in die EMB ein. Während der 50er Jahre wirkte er von seinem Wohnsitz in Stuttgart aus. Bei Konventen auf dem Kirchberg hielt er mehrfach Vorträge zum biblisch-künstlerischen Verständnis dessen, was ein Bild zu einem erzählenden, über sich hinausweisenden Bild macht. 1960 siedelten Helmuth und Gretel Uhrig um nach Arnoldshain, der Künstler wollte dort in einem langfristigen Forschungsprojekt *Theologie und Kunst* mitwirken.

Mit vielen Brüdern, vornehmlich mit G. Langmaack und F. Niebergall, mit Theologie-Professoren wie Barth, Bultmann, Gollwitzer und Bartsch führte er eine intensive briefliche Kommunikation. Behutsam stellte der Künstler Fragen an die Theologen – in der Hoffnung, dadurch einen Anstoß zu geben, um die Sicht der Theologen auf den Bibeltext und die theologischen Vorverständnisse an den Prinzipien der künstlerischen Wiedergabe weiterzuentwickeln.

Immerhin brachte ihm die respektvolle Auseinandersetzung mit Bultmann bei einer Tagung in Arnoldshain das Lob ein: »Herr Uhrig, wenn ich Ihre Bilder früher gekannt hätte, wäre meine Theologie anders ausgefallen.«

Was weiß man heute in den Berneuchener Gemeinschaften von Uhrig? Er gilt als Künstler der 50er Jahre, der Zeit des Wiederaufbaus. Vielleicht hat man einen Holzschnitt vor Augen, oft den ›Michael im Kampf mit dem Drachen‹. Das aber ist, wie gesagt, ein Dreitausendstel von Uhrig.

Uhrig hat – wie jeder Künstler – die Ereignisse seiner Zeit aufmerksam miterlebt und verarbeitet, seine eigenen Kriegserlebnisse sowieso. Uhrigs Werke aus der Mitte der 50er Jahre sind voller Zeitkritik – Jahre, in denen die Gleichberechtigung der Frau im Sinne gleicher Teilhabe an freier Wahl in der Ausbildung und Wertschätzung in der Arbeitswelt in drei Gesetzesnovellen geregelt wurde.

Uhrig hat – wie jeder Künstler – die Ereignisse seiner Zeit aufmerksam miterlebt und verarbeitet, seine eigenen Kriegserlebnisse sowieso.

In diese Zeit fallen die Bestrebungen um den Aufbau der Bundeswehr, um Wehrpflicht und sogar atomare Aufrüstung im Rahmen der Nato, gleichzeitig ertönt der Widerspruch der 18 Physiker im ›Göttinger Manifest‹, in dieser Zeit entstehen in vielen Städten die Widerstandsbewegungen »gegen den Atomtod.« Der Wettlauf der Rüstung, der Wettlauf in der Raumfahrt, die Niederschlagung des Ungarnaufstands – der Kalte Krieg nimmt Fahrt auf.

»Wir reden so viel von Freiheit – von welcher?« So hat Uhrig, was sehr selten vorkommt, eines seiner Bilder in jener Zeit unterschrieben. Was gut schien und als gut ausgegeben wurde, sah Uhrig auch von der Rückseite an. Der Mensch steht immer zwischen

Gut und Böse: Er sucht Stärke, die schützen, aber auch Aggression hervorrufen kann.

Ausstellung 2026

Die Ausstellung 2026 ist dem Zeitkritiker Uhrig gewidmet und trägt den Titel »GESICHT«. Sie wurde am 29. März eröffnet und ist bis Mitte November zu sehen. Neben den Werken, die dauerhaft präsent sind, zeigt die getroffene Bild-Auswahl, wie Uhrig die Entwicklungen in Gesellschaft und Politik der 50er Jahre gesehen hat. Hinter anthropologischen Aspekten kommen auch Facetten der Gotteserfahrung zum Vorschein.

Uhrig heute ...

Was sagt Uhrigs Werk uns heute? Jedes Bild hat die ursprüngliche Kraft, vom dinglichen Vorverständnis zum spirituellen Verstehen zu führen. Uhrig war der Auffassung, dass die Gemeinde an zwei Stellen Entwicklungshilfe brauche: Die sich Christen nennen, müssten die Bibel kennenlernen, sie könnten der Predigt überhaupt nur folgen, wenn sie eine adäquate Vorstellung mitbrächten bzw. aufbauten von dem, was zwischen Gott und Mensch geschieht. Sie müssten also seine Bilder vor Augen haben, wenn sie die Bibel verstehen wollten. Insofern hat Uhrig vielleicht auch den Theologen etwas zu sagen.

... und morgen

Der umfangreiche Nachlass will gepflegt, geordnet, verwaltet werden. Das ist eine langfristige Aufgabe. Das Ergebnis ist am Ende »nice to have«, aber es bringt unmittelbar kein Geld ein. Unzählig viele Stunden ehrenamtlicher Arbeit fließen in die Betreuung des Bestandes hinein. Es geht um drei langfristige Projekte:

(1) Die Ordnung des Bestands muss an vielen Stellen weiterentwickelt werden.

(2) Die Nichtgegenständlichen Zeichnungen und Gemälde sollen wissenschaftlich erforscht werden.

(3) Zur Erleichterung der Bestandspflege und zum Zweck allgemeiner Zugänglichkeit soll der Werkbestand digital erfasst werden.

[...] das Erbe Uhrigs ist vom Ursprung her, also vom Sinn und Verkündigungszweck des Bildes her betrachtet ein Berneuchener Anliegen.

Am Wort »Erbe« klebt die Befürchtung, es gelte, neben dem Berneuchener Erbe auch noch das Erbe Uhrigs zu tragen. Nein, das Erbe Uhrigs ist vom Ursprung her, also vom Sinn und Verkündigungszweck des Bildes her betrachtet ein Berneuchener Anliegen. Ich kann nur immer wieder einladen, sich in das Werk Uhrigs zu vertiefen und ein spirituelles Bildverstehen zu pflegen.

Von Jahr zu Jahr und von Woche zu Woche, braucht das Uhrig-Museum Unterstützung.

Eine Möglichkeit könnte sein, dass Geschwister, die über den Sonntag in Kirchberg sind, sich auch für die Aufsicht im Museum am Nachmittag (oder für Hausgäste auch wochentags nach Verabredung) bereithalten. Die Mehrzahl derer, die Aufsicht üben, muss freilich in der nahen Umgebung angeworben werden.

Sodann gibt es thematische Arbeit in der Konzeption einer Ausstellung: Dazu können interessierte Geschwister in digital gestützter Zusammenarbeit Zeit und Sachverstand einbringen.

Pf. i. R. Ulich Koring gehört dem Konvent Süden der Gemeinschaft Sankt Michael an.

Predigt über Hiob 23 am 11. So. n. Trinitatis

(31. August) 2025 – Perikopenreihe I

von Petra Reitz

Im Gedenken an die Küsterin an der Johanneskirche, Grevenbroich-Neurath – Monika Mahlke (1942–2025)

›*Eine Hiobsbotschaft bekommen*‹ ist ein geläufiger Ausdruck in unserer Gesellschaft geworden, bei dem nicht mehr jede und jeder weiß, wo dieser Ausdruck herkommt; aber alle wissen, dass es ›schlechte Nachrichten‹ sind, wenn jemand eine *Hiobsbotschaft bekommt*.

Doch eine Hiobsbotschaft ist weit mehr als nur eine schlechte Nachricht, die sich u. U. noch wieder ausbügeln lässt. Es ist eine Botschaft, die einem den Boden unter den Füßen wegzieht; sie haut einen existentiell geradezu um!

Hiob, ein Mann aus dem Lande Uz, war ein solcher Mann, der eine Botschaft nach der anderen bekam:

Erst verliert er stückchenweise durch marodierende Heere und Naturkatastrophen seinen ganzen Besitz und am Ende gar all' seine Söhne und Töchter. Im innersten Mark getroffen, bricht es aus ihm heraus:

> *»Ich bin nackt von meiner Mutter Leibe gekommen, nackt werde ich wieder dahinfahren. Der HERR hat's gegeben, der HERR hat's genommen; der Name des HERRN sei gelobt!« (Hi 1,21)*

Gibt es etwas Schlimmeres für einen Menschen, wenn die eigenen Kinder *vor* einem gehen müssen … wenn sie sterben(?) – das ist außerhalb jeder natürlichen Reihenfolge!

Das Alte Testament berichtet uns von einem Mann, dem genau dies widerfuhr – und anderes mehr … und widmet dem Geschehen ein ganzes Buch.

Hiob hat alles verloren, aber er selbst ist davongekommen. Doch wenn man denkt, dass es schlimmer nicht kommen könnte, dann kann das Schicksal manchmal noch eine Steigerung für einen bereithalten: Als nächstes wird Hiob seine Gesundheit genommen; er bekommt Geschwüre am ganzen Körper.

Und das ist der Punkt, da seine Frau wirklich und endgültig genug hat; sie sagt zu ihm:

»Hältst Du noch fest an Deiner Frömmigkeit? Sage G'TT ab und stirb!« (Hi 2,9)

Aber Hiob antwortet ihr:

»Haben wir Gutes empfangen von G'TT und sollten das Böse nicht auch annehmen?« (Hi 2,10)*

Ungeheuerliche Vorstellung: Das Böse kommt von G'TT?!

Ja, das ist die Vorstellung des Buches Hiob – und übrigens späterhin auch die bei Jesus und dem Apostel Paulus.

G'TT hat das Böse nicht an und für sich geschaffen, aber ER hat das Gute so definiert, dass es Böses zu enthalten scheint; zumindest lässt G'TT das Böse zu und scheint damit zu arbeiten. Vielleicht ist das das große Werk der Versöhnung, in dem G'TT *»die Toten lebendig macht und ruft das, was nicht ist, dass es sei«. (Röm 4,17)*

Denn dem ganzen Elend Hiobs geht eine Thronratsverhandlung vor G'TT voraus, in der der Satan wie ein Staatsanwalt in G'TTES Hofstaat, ein wahrhafter *Advocatus diaboli*, mit G'TT in einen Wettstreit eintritt, in dem er G'TT beweisen will, dass Hiob von G'TT abfallen wird, wenn sein Elend nur groß genug wird – und G'TT lässt sich darauf ein.

Das Elend nimmt seinen Lauf.

Und damit nicht genug: Das Elend Hiobs kommt seinen drei Freunden, Eliphas von Teman, Bildad von Schuach und Zofar von Naama, zu Gehör.

Wir kennen alle den Spruch: *›Braucht man Feinde, wenn man solche Freunde hat?!‹*

Seine Freunde, die gekommen sind, ihn zu trösten, meinen es gut mit Hiob, aber wie das so ist, *›gut gemeint‹ ist die kleine Schwester von Sch …*

Diese Sprüche, die nur vordergründig lustig sind, beschreiben auf sarkastische Weise eine emotionale Katastrophe, in der man völlig alleingelassen ist und versucht, das Debakel der eigenen Einsamkeit und Verlorenheit nicht in voller Wucht emotional an sich herankommen zu lassen, weshalb man es hinter Sarkasmus versteckt.

Hiob galt als frommer und untadeliger Mensch – und jetzt hat ihn ein solches Unglück getroffen! Und da kommen seine Freunde und stellen unterschwellig die Frage an ihn, ob er nicht vielleicht doch irgendetwas gemacht habe, dass G'TTES Zorn auf ihn herabgerufen haben könnte. Seine Freunde breiten eine Gedankenwelt aus, die auch uns nicht fremd ist, liebe Schwestern und Brüder, wenn wir mit küchenpsychologischen Ansätzen versuchen, unser Schicksal, das uns widerfährt, aus unserem eigenen Verhalten abzuleiten. Irgendetwas haben wir schon getan, dass es jetzt so kommen musste, oder die Umstände sind kosmisch ungünstig konstelliert, dass uns dieser oder jener Schicksalsschlag getroffen hat oder die eine oder andere fürchterliche Krankheit heimsucht.

Ach was! So ist es nicht! Es geschieht einfach, weil es zum menschlichen Leben dazugehört!

Und dennoch »*sitzt G'TT im Regimente*«[1] (wie auch das Hiob-Buch erzählt), aber *nicht* um uns für irgendeine Dummheit unseres Lebens zu bestrafen, sondern um uns tiefer einzuführen in das Geheimnis Seiner Liebe.

Ich weiß, dass haben Sie jetzt nicht hören wollen, liebe Gemeinde, und möglicherweise haben Sie auch das Empfinden, dass Sie auf eine solche Liebe verzichten könnten.

Doch kommen wir noch mal zurück zu Hiobs Freunden. Nachdem diese sich ausgelassen hatten mit all' den frommen Sprüchen, die wir alle auch nur zu gut kennen: »*die Bibel sagt* ...«, »*G'TT meint* ...«, »*der Pfarrer sagt* ...«, *irgendeinen Grund muss es ja haben* ...«, also bei den Reden des Eliphas von Teman, des Bildad von Schuach und des Zofar von Naama fällt auf, dass sie ständig *über* G'TT sprechen. Sie sind rechtschaffene Menschen, und ihre Antworten sind durchaus richtig, aber sie greifen nicht!

Hiob begegnet Eliphas mit einer außergewöhnlichen Rede voller Wucht, in der er seine Unschuld betont und den Abgrund seiner Einsamkeit aufreißt; und diese Rede ist unser heutiger Predigttext:

> Kommt Ihnen das bekannt vor?
> Es ist die Umkehrung all' der frommen Selbstberuhigungen, die wir für unser eigenes G'TTESbild gerne benutzen. Es sind Bilder, wie sie sich z. B. in den Psalmen finden, beispielsweise in Psalm 139:
> V. 2–3: »*Ich sitze oder stehe auf, so weißt Du es; Du verstehst meine Gedanken von ferne.*
> *Ich gehe oder liege, so bist Du um mich und siehst alle meine Wege.*«
> Dazu sagt Hiob aus seiner Erfahrung:
> »*Aber gehe ich nun vorwärts, so ist ER nicht da; gehe ich zurück, so spüre ich IHN nicht. Ist ER zur Linken, so schaue ich IHN nicht; verbirgt ER sich zur Rechten, so sehe ich IHN nicht.*« *(Hi 23,8–9)*

---

[1] Vgl. EG 361,7*: »*bist Du doch nicht Regente, der alles führen soll, G'TT sitzt im Regimente und führet alles wohl.*«

Foto: Rolf Gerlach

Liebe Schwestern und Brüder,
beides stimmt! Beide Aussagen stimmen – die der Psalmen und die Hiobs!
Wenn wir leiden – zumal, wenn wir unerklärlich und ungerecht leiden, dann kann eine G'TT-Ferne entstehen, wie Hiob sie hier beschreibt. Diese Ferne ist vor allen Dingen in unserem Gefühl – nicht in der Wirklichkeit G'TTES!
Denn Hiob selbst lehrt uns, dass *er* es ist, der G'TT nicht spürt, dass *er* es ist, der den sich verbergenden – aber anwesenden – G'TT nicht sieht.
Auf die Frage nach dem Leiden gibt es keine befriedigende Antwort. Denn es geht hier nicht um Antworten. Es geht hier auch nicht um eine theologische Erklärung des Bösen oder des Leidens.
Es geht hier um Beziehung!
Denn der Einzige, der *mit* G'TT spricht, ist Hiob. Er spricht aus seinem schlimmsten Schmerz, seiner tiefen Depression heraus – er ist am Rande der Verzweiflung – und wendet sich – nach dem Gespräch mit seinen Freunden – direkt an G'TT; er schreit IHN an!

Und da ist nichts, aber auch gar nichts mehr von höflichen G'TTESanreden und freundlich-unterwürfigen Formeln. Hiob klagt sein Recht bei G'TT ein – denn er *ist* im Recht! Hiob *hat* sich nichts zu Schulden kommen lassen!
Hiob konfrontiert seinen Freund Eliphas von Teman mit der indirekten Frage:
›Kannst Du G'TT G'TT sein lassen?!?‹
Hiob sagt:
»Denn ich hielt meinen Fuß auf Seiner Bahn und bewahrte Seinen Weg und wich nicht ab und übertrat nicht das Gebot Seiner Lippen und bewahrte die Reden Seines Mundes bei mir. Doch ER ist der Eine – wer will IHM wehren? Und ER macht's wie ER will.« (V.11–14)
Hiob geht sogar davon aus, dass es noch schlimmer kommen kann. Aber in all' dem hält er an G'TT fest – **er hält G'TT selbst für den Urheber seines dunklen Abgrundes.**
Ich hatte Ihnen, liebe Schwestern und Brüder, gesagt, dass es im Buch Hiob um ein tieferes Einführen in das Geheimnis der Liebe geht, einer Liebe, die Gegensätze in sich vereint.
Sie wollen nicht glauben, dass es auf diesem Schlachtfeld von Leid und Abgründen, von Verzweiflung und Zorn um die Liebe geht?
Liebe, das sind doch gute Gefühle, romantische Momente, Bestätigung unseres angeschlagenen Selbst?!
Sicher?!?
Sie wollen nicht Ihr Leben, *›das G'TT Ihnen anvertraut hat, aus G'TTES Hand annehmen, IHN lieben und ehren, Freude und Leid mit IHM teilen und IHM die Treue halten – in guten und in bösen Tagen – bis … ja, bis der Tod Sie schauen lässt, was sie geglaubt haben?‹*[2]
Es geht um die Liebe, glauben Sie mir – es geht auf diesem Schlachtfeld um die Liebe; auf jedem Schlachtfeld!
Es geht um die Liebe, die in der Lage ist, die Gegensätze in sich zu vereinen, die Tod und Leben zusammensehen kann – es geht hier um nichts weniger!

AMEN.

Schleiden-Olef in der Trinitatiszeit 2025

[2] Vgl. das alte Trauversprechen aus der Trauagende.

Bücher

Richter, Sandra: Rainer Maria Rilke oder Das offene Leben. Eine Biographie. Berlin: Insel-Verlag 2025. 478 S. Geb. EUR 28,00. ISBN 9783458644828.

Sandra Richter, Professorin für Neuere deutsche Literatur und Direktorin des Deutschen Literaturarchivs Marbach, legt ihre Rilke-Biographie aus gründlicher Kenntnis seines Lebens und Werkes vor. Die Crux vieler Rilke-Biographien ist die große Selbststilisierung des Dichters, die besonders seine Bewunderer immer gern übernommen haben. Sandra Richter geht am Lebenslauf, sauber die verschiedenen Lebensstationen analysierend, entlang, weist ihre Spiegelung in Rilkes Werk und die zahlreichen Beeinflussungen durch seine Freundinnen, Freunde und Korrespondenten nach und entfaltet einen vielfältigen Kosmos. Ihre Sprache macht das Buch zudem zu einem Lesevergnügen besonderer Art.

Im Vorwort erscheint ein Überblick über fünf Werkphasen in Rilkes Schaffen, der hilft, die folgenden vielfältigen Darstellungen zu überblicken. Am Anfang steht die schwierige Beziehung Rilkes zu seiner Mutter, die nach dem Verlust der Tochter ihren Sohn als Mädchen erzogen hat. Ein Leben lang suchte Rilke in seinen Frauenbeziehungen ein mütterliches Element. Auch die Beziehung zum Vater, die er mehrfach literarisch verarbeitet hat, war nicht einfach. Die Militärschule, die ihm dazu dienen sollte, den väterlichen Spuren zu folgen, musste er abbrechen, ebenso die Ausbildung auf der Handelsakademie in Linz.

Die Beziehung zu der schillernden Lou Andreas Salomé begleitet Rilke seit 1897 lebenslang. Sie begleitet ihn bei seiner ersten Russland-Reise, bei der Rilke ausgeprägt slawophiles Gedankengut aufnimmt. 1901 heiratet Rilke die Bildhauerin Clara Westhoff. Trotz Krisen und Scheidungsplänen bleibt die Ehe bestehen, obwohl sich die Ehepartner in späteren Jahren kaum noch sehen. Andere komplizierte Liebesbeziehungen entstehen bis hin zu Baladine Klossowska, die Rilkes Muse in seinen letzten Lebensjahren wird.

Vielfältige Beziehungen zu Künstlern prägen Rilke, darunter besonders Auguste Rodin, als dessen Sekretär er einige Zeit arbeitet, zu Schriftstellern, wie Max Brod, Franz Werfel und Franz Kafka. Die Betreuung und Finanzierung durch seinen Verleger Kippenberg schenkt Rilke Momente von Beständigkeit. Dennoch ist der Dichter lebenslang ein kränkelnder Mensch, der seine Leiden pflegt und immer wieder Sanatoriumsaufenthalte braucht. Auf der anderen Seite steht seine Vortragstätigkeit, die er mit großem Lampenfieber und doch immer wieder fein einstudierter Theatralik wahrnimmt.

Durch diesen detailreich und nachvollziehbar gestalteten Lebenshintergrund öffnet sich der Blick in das schriftstellerische Werk Rilkes. Autobiographische Bezüge, besonders im Malte, der große Erfolg des Cornet, die Hintergründe etwa des Stundenbuchs, der Duineser Elegien, der Sonette an Orpheus werden vor den Orten des Lebens zwischen Prag und dem zuletzt so geliebten Muzot feinsinnig beschrieben.

Wer sich – vielleicht aus Anlass des 100. Todestages – mit diesem interessanten und einflussreichen Dichter beschäftigen möchte, sollte diese Biographie gelesen haben.

Heiko Wulfert

Adressen

der Mitarbeiterinnen und Mitarbeiter:

Dr. Karl Adolf Bauer, Windmühlemstr. 6, App. 527, 54290 Trier • Dr. Holger Berninghaus, Königstor 35, 34117 Kassel, berninghaus@icloud.com • Ulrich Koring, Jägerhausstr. 34/1, 74074 Heilbronn, ulrich-i.koring@gmx.de • Dr. Klaus Lieg, Am Sender 5, 56070 Koblenz, beratung.coaching.koblenz@gmail.com • Dr. Frank Lilie, Kloster Kirchberg, 72172 Sulz am Neckar, frank.lilie@klosterkirchberg.de • Wolfgang Max, Albert-Einstein-Str. 3, 75015 Bretten, pfr.max@t-online.de • Petra Reitz, Lützenburg 37, 53937 Schleiden-Olef, petra.reitz@ekir.de • Dr. Heiko Wulfert, Panröder Str. 40, 65558 Burgschwalbach, hwulfert@gmx.net.

Das Thema des nächsten Heftes wird »1926: Berneuchen« sein.

Quatember
Vierteljahreshefte für Erneuerung und Einheit der Kirche
Herausgegeben von
Sabine Bayreuther, Matthias Gössling und Roger Mielke im Auftrag der Evangelischen Michaelsbruderschaft, des Berneuchener Dienstes und der Gemeinschaft St. Michael
Schriftleitung
Heiko Wulfert
Manuskripte bitte an:
Heiko Wulfert · Panröder Straße 40 · D-65558 Burgschwalbach,
Telefon (0 64 30) 9 25 53 70, (01 51) 55 58 24 44 · hwulfert@gmx.net
Edition Stauda
Evangelische Verlagsanstalt GmbH, Leipzig
90. Jahrgang 2026, Heft 2

Bestellungen

Mitglieder der Evangelischen Michaelsbruderschaft, der Gemeinschaft St. Michael sowie des Berneuchener Dienstes richten ihre Bestellungen ebenso wie alle Änderungen nur an ihre jeweilige Gemeinschaft.
Nichtmitglieder richten ihre Bestellungen ebenso wie alle Änderungen nur an den Bestellservice oder an den Buch- und Zeitschriftenhandel. Abos können zum Jahresende mit einer Frist von einem Monat beim Bestellservice gekündigt werden.

Vertrieb: Evangelische Verlagsanstalt GmbH · Blumenstraße 76 · 04155 Leipzig

Bestellservice: Leipziger Kommissions- und Großbuchhandelsgesellschaft (LKG) · An der Südspitze 1–12 · 04579 Espenhain
Tel. +49 34206 65282
E-Mail: carola.knoth@agorando.com

Preis inkl. MwSt. zzgl. Versandkosten: Einzelheft: EUR 12,00, Fortsetzungsbezug möglich. Die Fortsetzung läuft immer unbefristet, ist aber jederzeit kündbar.

Covergestaltung: Kai-Michael Gustmann, Leipzig
Satz: druckhaus köthen GmbH & Co. KG, Köthen
Druck: MUNDSCHENK Druck + Medien, Lutherstadt Wittenberg

Bei Fragen zur Produktsicherheit wenden Sie sich bitte an info@eva-leipzig.de.
ISSN 0341-9494
ISBN Print 978-3-374-07999-5 · eISBN (PDF) 978-3-374-08000-7

www.eva-leipzig.de

Fred Haller | Richard Stieglbauer | Peter Wolfrum

Stehenlassen und weitergehen

Eine ökumenische Pilgerreise auf dem Franziskusweg

edition chrismon

192 Seiten | 12 x 19 cm | Paperback
ISBN 978-3-96038-441-0
EUR 15,00 [D]

Wenn ein Protestant, ein Katholik und ein Freikirchler gemeinsam pilgern, dann ist das gelebte Ökumene. Dass dabei die ein oder andere Meinungsverschiedenheit nicht ausbleibt, versteht sich von selbst. Aber den drei Autoren gelingt es geschickt, die Unterschiedlichkeiten anzuerkennen und dabei die Gemeinsamkeiten nicht aus dem Blick zu verlieren und so entsteht in diesem Buch ein freundschaftlicher Austausch zwischen den Konfessionen, der Verständnis schafft und unbedingt zum Nachahmen aufruft. Begleiten Sie die Autoren durch die herrliche italienische Landschaft und bemerken sie einmal mehr, dass beim Pilgern eigentlich der Weg das Ziel ist.

EVANGELISCHE VERLAGSANSTALT
Leipzig www.eva-leipzig.de

Tel +49 (0) 341/ 7 11 41 44 shop@eva-leipzig.de